Rising Parent Media, LLC
© 2016 por Rising Parent Media
Se reservan todos los derechos. Publicado en 2016
Impreso en los Estados Unidos de América

20 19 18 17 16   1 2 3 4

ISBN: 978-0-9863708-6-1 (edición en rústica)
ISBN: 978-0-9863708-7-8 (libro electrónico)

Traducido por Samuel Lopez Alcala

El papel empleado en esta publicación cumple los requisitos mínimos de la norma de la American National Standard for Information Sciences relativa a la permanencia del papel utilizado en publicaciones destinadas a bibliotecas ANSI Z39.48-1992.

www.educateempowerkids.org

CÓMO HABLAR CON SUS HIJOS SOBRE LA PORNOGRAFÍA

EDAD 8-18 AÑOS

EDUCATE AND EMPOWER KIDS QUIERE AGRADECER A LAS SIGUIENTES PERSONAS EL TIEMPO, LOS TALENTOS Y LA ENERGÍA QUE HAN APORTADO A ESTE LIBRO.

Dina Alexander, MS
Amanda Scott
Jenny Webb, MA

Kyle Duran, MA
Tina Mattsson
Ed Allison
Cliff Park, MBA

DISEÑO E ILUSTRACIONES:
Jera Mehrdad

Síganos en los principales medios de comunicación social para obtener excelente información y recursos:
Facebook: www.facebook.com/educateempowerkids/
Twitter: @EduEmpowerKids
Pinterest: pinterest.com/educateempower/
Instagram: Eduempowerkids

TABLA DE CONTENIDOS

INTRODUCCIÓN VII
1. LA PORNOGRAFÍA:
UN PROBLEMA DE SALUD PÚBLICA 8
2. PREGUNTAS HABITUALES 10
3. SENTAR UNA BASE DE CONFIANZA 12
4. CREAR UN HOGAR DE FRANQUEZA 14
5. ¿POR DÓNDE EMPIEZO? 16
6. UNA DEFINICIÓN DE LA PORNOGRAFÍA 18
7. ¡LA CURIOSIDAD ES NORMAL! 20
8. UNA INDUSTRIA PARA ADULTOS 22
9. LA PORNOGRAFÍA ES ADICTIVA 24
10. LA PORNOGRAFÍA CONDICIONA EL CEREBRO 26
11. SI SU HIJO HA TENIDO CONTACTO CON
LA PORNOGRAFÍA 28
12. QUÉ HACER CUANDO VEA PORNOGRAFÍA:
EL PLAN ¡SAL! 30
13. DETERMINAR SI SU HIJO SUFRE DE ADICCIÓN 32
14. SI SU HIJO ES ADICTO A LA PORNOGRAFÍA 34
15. LUGARES DEL CONTACTO CON LA PORNOGRAFÍA 36
16. LA ALFABETIZACIÓN MEDIÁTICA 38
17. HACER INVENTARIO Y CREAR
UNA DIRECTRIZ FAMILIAR 40
18. INFORMES COMPLETOS Y CONEXIONES DIARIAS 42
19. LA INTIMIDAD SEXUAL SANA 44
20. EL CONTROL Y EL FILTRADO 46
21. EL AUTOCONTROL 48
CONVERSACIONES ADULTAS PARA
PADRES Y ADOLESCENTES 50
22. LA PORNOGRAFÍA ES DESTRUCTIVA 50
23. LA PORNOGRAFÍA FOMENTA EL ODIO 52
24. LA CONEXIÓN CON EL TRÁFICO 54
25. TEMAS AFINES PARA TRATAR CON ADOLESCENTES 56
26. TEMAS AFINES PARA TRATAR CON
TODOS LOS NIÑOS 58
RECURSOS 60
REFERENCIAS 62

"NINGÚN PROGENITOR PUEDE PROTEGER AL MUNDO ENTERO CONTRA LA PORNOGRAFÍA. LA TAREA DE UN PROGENITOR ES PROTEGER AL NIÑO CONTRA EL MUNDO."

— DOUG FLANDERS, MD

INTRODUCCIÓN

Dado que la exposición a la pornografía es inevitable, es necesario preparar a nuestros hijos para el momento en el que se produzca dicha exposición. La naturaleza adictiva de la pornografía, la forma que tiene de alterar el cerebro infantil en desarrollo y cómo afectará todas sus relaciones futuras hacen que esta conversación sea vital para el desarrollo sexual saludable de los niños. Debido a la gravedad de sus efectos, el uso de pornografía por parte de menores es actualmente un problema de salud pública de primer orden.

Hemos aportado información crucial y excelentes preguntas para el debate que fomentarán conversaciones productivas entre usted y sus hijos. Vea estas conversaciones como una oportunidad de estrechar lazos con ellos. A medida que vaya sintiéndose más cómodo y desarrolle confianza a la hora de abordar estas cuestiones complicadas, sus hijos podrán compartir pensamientos y experiencias con usted. Se dará cuenta de que, si es capaz de hablar con ellos de la pornografía en internet y de los temas afines que tratamos en este libro ¡usted será capaz de hablar con sus hijos de cualquier cosa!

Este libro le ayudará a valorar las necesidades particulares de su hogar, tanto si se trata de normas y directrices más claras, un mayor control, o una medida adicional de confianza y conexión. Desarrollar conexiones más estrechas con nuestros hijos es uno de los instrumentos de prevención de las adicciones más eficaces a nuestro alcance. Aproveche estas conversaciones para fomentar una conexión eficaz con sus hijos y consolidar su propio papel de progenitor: la persona digna de su confianza, su confidente y su protector.

El presente libro tiene el objetivo de educarle a usted, el progenitor, y a sus hijos, tanto niños como adolescentes. A ojos de sus hijos, usted debería ser la mejor y más fiable fuente de información. A usted le importa su hijo más que a ninguna otra persona. Confíe en usted mismo y dedique el tiempo necesario a fin de prepararles para lo inevitable.

1. LA PORNOGRAFÍA: UN PROBLEMA DE SALUD PÚBLICA

«CUANDO EL MAYOR ACCESO A LA PORNOGRAFÍA Y EL ABUSO DE ELLA ESTÁ VINCULADO A CONDUCTAS PROBLEMÁTICAS, ESTA TENDENCIA SE CONVIERTE EN UN PROBLEMA DE SALUD PÚBLICA.»
- CORDELIA ANDERSON (2015)

La pornografía de hoy es muy diferente a la pornografía que existía en nuestra infancia. Lejos quedan las ilustraciones llamativas de mujeres desnudas que engalanaban las portadas de revistas como Playboy. «Escriba la palabra "porno" en Google y no verá nada parecido a las portadas del ayer; en lugar de eso, se verá catapultado a un mundo de crueldad y brutalidad sexual, en el que las mujeres son sometidas a prácticas sexuales extremas y viles epítetos» (Gail Dines, 2015).

El uso excesivo de la pornografía es perjudicial para la función y el desarrollo sexual de personas de ambos sexos y de cualquier edad. La exposición de un niño o de un adolescente a pornografía excesiva es susceptible de modificar su cerebro, sus relaciones sociales y sus habilidades emocionales hasta bien entrados los veinte (Anderson, 2011).

Hacer frente a la epidemia del consumo de la pornografía no es solamente cosa de «progresistas» y «conservadores». Tampoco puede verse el problema desde una óptica restrictiva y considerarlo una cuestión «religiosa» o «feminista»: este es un asunto que tiene que competer a cualquier persona a la que le importen los niños (padres, educadores, terapeutas y dirigentes cívicos, entre otros), y con respecto al cual estén dispuestos a actuar.

COMPRENDER ESTA CRISIS DE SALUD PÚBLICA: ¿POR QUÉ TENDRÍA QUE HABLAR CON MI HIJO SOBRE LA PORNOGRAFÍA?

👑 La pornografía es tan adictiva y prejudicial como cualquier droga y los cerebros aún por desarrollar de nuestros hijos no están bien equipados para gestionar este contenido violento.

👑 Siendo sana la curiosidad sobre el sexo, el consumo de la pornografía NO lo es.

👑 Los niños tienen que ser conscientes de la naturaleza odiosa de la pornografía, en la que habitualmente las mujeres son objeto y víctima de deshumanización, violencia, degradación y humillaciones. La pornografía es también abiertamente racista al exagerar todos los estereotipos negativos posibles de varias culturas.

👑 Nos ayudará tanto a mi hijo como a mí a estar más concienciados con lo fácil que es acceder a la pornografía en mi hogar, en su escuela y en las casas de sus amistades.

👑 Ellos necesitan tiempo a fin de prepararse para la presión por venir. Tienen que reconocer peligros y saber que hacer cuando se vean expuestos a la pornografía.

LOS HECHOS

La edad promedio de exposición a la pornografía es 11 años (Weiss, 2015).

Un estudio de 2010 centrado en los 50 vídeos para adultos más populares concluyó que el 88% contenía escenas de agresiones físicas contra mujeres (incluidos, entre otros: bofetadas, asfixia y azotes). Las mujeres eran las victimas principales de estas prácticas y los hombres quienes las infligían mayoritariamente (Bridges, et al., 2010).

Los adolescentes expuestos precozmente a la pornografía mantienen relaciones sexuales a una edad temprana, practican sexo oral y anal, son promiscuos, tienen en comportamientos sexuales de riesgo, ven a la mujer como un objeto sexual y sufren dificultades crecientes a la hora de desarrollar relaciones íntimas con sus parejas (Owens, et al., 2012).

2. PREGUNTAS HABITUALES

SEA LA PRIMERA Y LA MEJOR FUENTE DE INFORMACIÓN PARA SUS HIJOS

¿A QUÉ EDAD HAY QUE EMPEZAR A HABLAR DE ESTAS COSAS CON ELLOS?

Creemos que hay que empezar a abordar estos asuntos con los niños entre los tres y los cuatro años, sin embargo, las conversaciones de este libro están destinadas a menores de 8 a 18. Si su hijo usa un dispositivo con acceso a internet en su hogar o en cualquier lugar en el pase el tiempo, necesitan que se les advierta de los peligros potenciales. Si usted considera que las conversaciones a las que se hace referencia en este libro son por su naturaleza para niños más maduros, visite nuestro sitio Web http://educateempowerkids.org/resources/ donde se ofrece una lección en inglés titulada *Teaching Your Child About Pornography (Ages 3-7)*.

¿QUÉ TEMAS DEBERÍA ABORDAR PRIMERO?

👑 Es importante que su hijo entienda ante todo que la curiosidad es normal y que tener deseos de saber sobre sexualidad es sano.

👑 A continuación, debería saber qué es la pornografía.

👑 Habría entonces que formular un plan para abordar la exposición futura.

👑 Después, usted debe adaptar sus «charlas» a las necesidades de su hijo, pero las conversaciones sobre intimidad (que es lo opuesto a la pornografía), la adicción, la alfabetización mediática, el autocontrol y los demás temas tratados en este libro son de vital importancia. ¡En este libro hemos querido incluir lo esencial!

¿DEBERÍAN SER ESTAS CONVERSACIONES PERSONALES O CON TODOS MIS HIJOS JUNTOS?

La mayoría de los temas deberían hablarse individualmente, al menos al principio. A medida que sus hijos vayan sintiéndose más cómodos con estos asuntos, quizá encuentre que una sesión en grupo facilita más el diálogo. Recuerde que usted conoce a sus hijos mejor que nadie. Si no se encuentran cómodos, reafirmen para tranquilizarlo su amor por él o ella y subraye que, si bien puede ser un tema difícil, es muy importante hablar al respecto.

¿DEBERÍA INTERRUMPIR LA CONVERSACIÓN SI MI HIJO SE SIENTE INCÓMODO?

No. Sin embargo, tiene que averiguar cuál es la fuente de su incomodidad y abordarla. Imagínese si su hijo se sintiera incomodo por hablar de la heroína y usted supiera que un traficante de drogas vive en su calle usted tendría que hablar del asunto independientemente del estado de ánimo de su hijo. La pornografía es como una droga y existe un «traficante» en todos los dispositivos con acceso a internet al alcance de sus hijos. Dicho esto, en última instancia es usted quien mejor conoce a su hijo y cuando empiece a entablar estas conversaciones con sus hijos, sabrá qué temas tratar.

¿DEBO ABORDAR VARIOS TEMAS AL MISMO TIEMPO?

No al principio. Empiece poco a poco. El primer paso debería ser un único tema y tratar entre dos y cuatro puntos que usted considere particularmente importantes. De las preguntas que figuran al final de cada lección formule las que le parezcan más idóneas y esté preparado para escuchar. A continuación, apóyese en las bases que acaba de sentar. El seguimiento con más información es vital para consolidar su posición de fuente de información de referencia sobre los medios audiovisuales, la pornografía y la intimidad sexual.

Como la mayoría de las responsabilidades asociadas a la crianza de los hijos, este no es un cometido que uno pueda marcar como «completado» en una lista de tareas. Su hijo se verá bombardeado toda la vida y de forma continua con mensajes audiovisuales hipersexualizados y será sometido a una presión inmensa para ver pornografía cuando abandone el hogar.

3. SENTAR UNA BASE DE CONFIANZA

Su hogar y su familia pueden compararse al hecho de pertenecer a un equipo dotado de una identidad compartida. Cuando un niño sabe que tiene el respaldo de su «equipo», es más probable que demuestre firmeza en sus convicciones, conserve los ideales que se le han enseñado y se comunique más abiertamente en casa sobre sus problemas.

Crear una atmósfera de confianza en el hogar es fundamental para el desarrollo emocional. Los niños que se sienten seguros en casa saben que siempre pueden contar con su familia y su hogar para proporcionarles un lugar seguro emocionalmente donde puedan ser ellos mismos, expresar sus sentimientos y saber que se los quiere; todo ello sin miedo al ridículo ni al abandono. Las directrices siguientes son esenciales con vistas a crear este entorno.

MANTENGA UNA RUTINA Y UNA ESTRUCTURA

Los niños recurren al hogar en períodos de incertidumbre emocional o incertidumbre en otros ámbitos de su vida a fin de sentirse seguros y a salvo. El hogar debería ser un lugar en el que reinaran en lo posible la fiabilidad y equilibrio.

TENGA NORMAS Y REGLAS PARA SUS HIJOS

Sus hijos dependen de usted, como progenitor, para que los proteja y los prepare. Cuando usted fija expectativas, a menudo los niños se resisten a permanecer dentro de los límites, lo cual supondrá una excelente oportunidad para que usted pueda enseñarles. Los niños deberían saber, sin embargo, que si se comete un error o se incumple una norma que ello tendrá consecuencias, pero que la respuesta de sus padres será una reacción adecuada y previsible, sin gritos ni maltrato físico. Haga de su hogar un lugar en el que ellos sepan que pueden confiar en que su entorno les apoye en momentos de necesidad. Cree un hogar en el que las normas se conozcan y se entiendan plenamente.

BUSQUE OPORTUNIDADES DE SER POSITIVO

Salude a los niños con amor y una sonrisa. Busque maneras de alabar a sus hijos y a su pareja diariamente. Enséñeles a tratarle a usted de la misma manera. Con tanta negatividad en la escuela, el trabajo y los medios de comunicación, su actitud positiva contribuirá en gran medida a fortalecer emocionalmente a sus familiares.

EVITE AVERGONZARLOS

Recurrir a la vergüenza para enseñar acerca de la sexualidad o la pornografía, o hacer lo propio cuando nos enfrentamos a nuestros hijos por motivo de su consumo de pornografía tiene consecuencias desastrosas. Cuando emplee este libro su hijo debería considerar el consumo de pornografía como un error grave (puede que se sientan culpables por haber decidido verla), pero nunca en términos de identificación «soy una mala persona si veo pornografía» (sentimientos de vergüenza por ello). Su hijo no acudirá a usted con sus inquietudes respeto a la pornografía (u otras cuestiones) si usted enfoca estas conversaciones desde la perspectiva de la vergüenza.

Ejemplos de enseñanza sobre pornografía empleando la vergüenza:

- «¡Los que miran pornografía son unos pervertidos!»
- «¿Cómo has sido capaz de mirar algo tan repugnante?»
- «¿Sabes cómo me hace sentir que hagas eso?»

Cualquier conversación que tenga con sus hijos sobre la pornografía debería conducir a nociones positivas sobre la sexualidad positiva. Tenga en cuenta que es fundamental transmitirles que el sexo no es malo, sucio ni nada de lo que haya que avergonzarse. Fomente una atmósfera sana en la que se valore el sexo como algo bello y extraordinario.

4. CREAR UN HOGAR DE FRANQUEZA
LA ZONA SEGURA

Puede crear un «espacio seguro» en su hogar al abordar estos y otros temas complicados. Durante una conversación en la «espacio seguro», su hijo debería sentirse libre y seguro para hacerle cualquier pregunta o hacer el comentario que sea sin que le juzguen o haya consecuencias. El niño debería poder emplear el término «espacio seguro» nuevamente cuando quiera conversar con usted, contarle algo en confidencia o consultarle con respecto a temas problemáticos.

Nunca es ni muy pronto, ni muy tarde, para crear hábitos y mostrar un vivo ejemplo de tolerancia, aceptación y franqueza. En última instancia, nuestro intento es el de crear un ambiente en el hogar basado en la confianza y en el que sus hijos sepan que le puede preguntar cualquier cosa. Ello se consigue siendo sensible y sin albergar prejuicios. A continuación sugerimos algunos pasos para ayudarle a introducir y promover la franqueza en su hogar.

MANTENGA LA CALMA
Muchos padres sienten ansiedad o miedo cuando hablan de sexo o pornografía con sus hijos. Primero, rebaje su nivel emocional cuando hable de estos asuntos. Mantenga la calma y hable con naturalidad en estas conversaciones. Si mantiene la calma, sus hijos también lo harán.

RECURRA A SUS VALORES CULTURALES, PERSONALES Y ESPIRITUALES PARA ORIENTAR ESTAS CONVERSACIONES
Si está de acuerdo con que el consumo de pornografía por parte de adultos, pero no de los niños, dígaselo, pero explíqueles por qué usted lo cree así. Si tiene objeciones de tipo religioso a la pornografía, hable de ello. Si usted considera que la pornografía es una expresión brutal y misógina de la mercantilización, céntrese en ello.

COMPARTA EXPERIENCIAS PROPIAS
Hágales partícipes tanto de las experiencias positivas como de las negativas que haya tenido. Un hijo será más receptivo si puede conectar una experiencia de la vida real a la conversación.

Por ejemplo, quizá desee hablar de la primera ocasión en la que se vio expuesto a la pornografía (sin entrar en detalles) o comparta las dificultades de algún conocido cuya vida se haya visto afectada por la pornografía. Asegúrese de que el ejemplo sea adecuado para la edad, la experiencia y la madurez de su hijo.

ESCUCHE DE MANERA ACTIVA

Hágales a sus hijos las preguntas de debate y preste atención a sus respuestas, a sus expresiones faciales y a otras muestras de lenguaje corporal. Muéstreles que les escucha y corrobore sus preguntas y afirmaciones repitiendo de vez en cuando lo que haya escuchado.

APLIQUE LOS HECHOS Y LA CIENCIA PARA HABLAR DE LOS PELIGROS

No deje pasar la oportunidad de explicar el funcionamiento de la adicción y cómo la pornografía puede modificar el cerebro literalmente (véase 9. La pornografía es adictiva). De igual manera, aproveche para repasar las investigaciones en ciencias sociales (véase 10. La pornografía condiciona el cerebro y 22. La pornografía es destructiva) según las cuales la exposición a la pornografía a una edad temprana altera las percepciones y las creencias de uno acerca del sexo y las relaciones, incrementa la violencia contra las mujeres y promueve la cultura de la violación.

SU ACTITUD DEBE SER DE PREOCUPACIÓN Y AMOR

Through your words and actions, convey to your child how much Sus palabras y sus acciones les transmiten a sus hijos lo mucho que a usted le importan. Explique por qué quiere educarles y prepararles. Les comunicará mucho más así que con palabras.

5. ¿POR DÓNDE EMPIEZO?

EN PRIMER LUGAR, CÉNTRESE EN SU OBJETIVO FUNDAMENTAL.

¿Qué desea que su hijo se lleve de estas conversaciones? ¿Quiere que su hijo no tenga miedo? ¿Que se informe? ¿Que esté preparado? Su objetivo le servirá de orientación mientras decide qué subrayar en sus conversaciones y qué preguntas formular.

Piense en lo que usted quiere extraer de estas conversaciones. ¿Quiere reforzar la relación con su hijo? ¿Desea tener conversaciones estimulantes en el plano intelectual? Considere el tipo de experiencia que su hijo y usted tendrán juntos. ¿Será interesante para ambos? ¿Incómoda? ¿Seria? Su voz, su nivel de comodidad y su ademán determinarán las sensaciones imperantes en los diálogos.

DECIDAN JUNTOS QUÉ TEMAS TRATAR PRIMERO

De ser posible, hable con su pareja. Si pueden plantear ese tema en equipo tendrán más éxito. Comprendemos que muchos de ustedes lectores quizá tengan parejas que consuman pornografía. Aplique el sentido común cuando aborde cuestiones delicadas. Piense en formas de hablar abiertamente con sus hijos sobre los peligros sobre los peligros de la pornografía sin demonizar a su pareja o ex pareja. Consulte el Índice y decida qué tema debe tratarse primero.

ACEPTE QUE NO VA A SER PERFECTO

Dejar de lado la perfección facilitará todo el proceso y lo hará más agradable. Su hijo no espera que usted sea perfecto; espera comprensión y amor. Si su hijo le pregunta algo para lo cual usted no tiene la respuesta, sea sincero y dígale que no lo sabe. Entonces aparte el tiempo necesario para buscarla y comunicarle a su hijo lo que haya averiguado.

CÚRESE

Si estas conversaciones le intimidan o desencadenan sentimientos difíciles de gestionar por motive de abusos sexuales o traumas pasados, busque ayuda. Acuda a un amigo o a un terapeuta digno de confianza. Su hijo hace que merezca la pena el esfuerzo, ¡y usted también!

SEA REALISTA EN SU PLANTEAMIENTO
Sepa que todos nuestros hijos se verán expuestos a la pornografía. En lugar de plantear la conversación en términos de: «esto es algo que quizá veas algún día», informe a su hijo y prepárelo haciéndole saber que «esto es algo que verás en algún momento».

PLANIFIQUE CADA CHARLA CON ANTELACIÓN, PERO NO LA CONVIERTA EN UN «ACONTECIMIENTO»
Dedique unos minutos a pensar lo que va a decir, pero no se exceda. ¿Y por qué no? Porque hay que conseguir que su hijo sea capaz de recrear este acontecimiento siempre que tenga una pregunta para usted. Y si siente que solamente puede hacerle preguntas una vez al año en un gran «acontecimiento», puede que busque sus propias respuestas de otras fuentes. Haga que las conversaciones sean tan corrientes que su hijo sepa que puede acudir a usted en cualquier momento cuando le surja una pregunta.

DÉ EJEMPLO
La pornografía enseña que el respeto mutuo y la empatía son irrelevantes, y que las mujeres (y en ocasiones los hombres) no son dignos de ser tratados igualitariamente ni con amabilidad. Tratando a los demás, hombres o mujeres, con respeto; respetándose a uno mismo y ejemplificando lo que son las relaciones sólidas, podemos hacer frente a estas falsedades.

HAGA UN INVENTARIO DE SUS PROPIOS COMPORTAMIENTOS
Examine su vida: ¿Acaso mis hábitos televisivos y mis preferencias musicales afectan mi visión del mundo y mi trato con los demás?

- ¿Veo películas con imágenes o diálogos pornográficos?

- ¿Escucho música con temática sexual?

- ¿Empleo un lenguaje despectivo o sexualmente denigrante? ¿Qué efecto puede tener esto en mis hijos?

- ¿Empleo lenguaje sexual despreocupadamente?

6. UNA DEFINICIÓN DE LA PORNOGRAFÍA

Definir la pornografía puede ser complicado cuando aspectos suyos nos rodean por todas partes. Imágenes que antes se consideraban demasiado sensuales o indecorosas son ahora el papel pintado de nuestra cultura «pornificada». Párese a pensar un momento en los carteles publicitarios, los escaparates de los centros comerciales, las revistas junto a las cajas registradoras del supermercado, los anuncios de la televisión y las películas a nuestra disposición y al alcance de nuestros hijos. Cada vez se vende a niños y adolescentes más música y libros que incluyen contenidos temáticos centrados en cómo una mujer o una joven deben ofrecerse sexualmente. A los muchachos se les enseña que el hombre ideal es el varón hipermasculino, musculoso y agresivo.

Nada de lo anterior puede compararse a las representaciones brutales de sexo visibles en cualquier celular inteligente o cualquier otro dispositivo con acceso a internet. ¡Es importante que entienda la nueva definición de pornografía! Ya no puede definirse con los parámetros de las revistas *Playboy* o *Hustler*. Los jóvenes ya no buscan revistas; pueden tropezarse con imágenes sexuales en internet o buscarlas intencionadamente escribiendo ciertos términos en Google o buscando la palabra «porno», pero a lo que se ven expuestos inmediatamente es a videos de pornografía dura.

LA PORNOGRAFÍA: *La representación de contenidos sexualmente explícitos con la intención o el propósito de causar excitación sexual. En ella, el sexo y el cuerpo humano se mercantilizan (se presentan como si fueran productos para su compraventa) con ánimo de lucro.*

*Es importante observar que la pornografía no se crea con fines educativos ni artísticos. Su razón de ser y el motivo de su distribución es ganar dinero.

OTRAS DEFINICIONES ÚTILES PARA QUE SU HIJO ENTIENDA LO QUE ES LA PORNOGRAFÍA:

- *La pornografía consiste fotos o vídeos de personas como poca ropa o completamente desnudas.*

- *La pornografía en internet suele consistir en vídeos de personas teniendo relaciones sexuales.*

Hacer frente a las realidades de nuestra cultura pornificada puede ser desmoralizante, pero tiene la posibilidad de emplear ejemplos cotidianos que abundan nuestro alrededor (tanto positivos como negativos) para enseñarles a sus hijos cuáles son sus expectativas y sus creencias. Los trabajos de investigación ponen de manifiesto que su influencia como padres puede ser mucho mayor que cualquier otra si es capaz de poner en marcha estas conversaciones y mantenerlas mientras su hijo permanezca en el hogar paterno (Kemmet, s.f.).

¿EN QUÉ RELACIONES SOCIALES ESTÁ METIENDO LA CULTURA POPULAR A SU HIJO?

Muchachas: *Su valor se basa en sus encantos y su disponibilidad sexual.*

Muchachos: *Su valor se basa en atractivo hipermasculino y en su comportamiento dominante.*

Ambos sexos: *Se espera que las mujeres y las muchachas estén disponibles sexualmente en todo momento.*

Muchachas: *¿En qué relaciones sociales está metiendo la cultura popular a su hijo?*

PREGUNTAS PARA EL DEBATE

¿Qué hace que algo sea pornográfico?

¿Has visto pornografía alguna vez?

¿Qué diferencia hay entre el arte y la pornografía?

¿Qué importancia tiene la mercantilización del cuerpo de una persona (su transformación en un producto comercializable)? ¿Está eso mal?

¿Qué se quiere decir con la expresión «cultura pornificada»? ¿Ve algún ejemplos de «cultura pornificada» a su alrededor?

7. ¡LA CURIOSIDAD ES NORMAL!

Los niños poseen una curiosidad natural acerca de sus cuerpos y su funcionamiento. Piense en la primera vez que abrió el pañal de su hijo y lo primero que hizo fue tocarse. Esa forma de actuar es innata y completamente normal.

Cuanto más mayores son sus hijos, mayor es su curiosidad y más preguntas tendrán. Como progenitor, es un tremendo error evitar estas preguntas o responder diciendo algo parecido a «te lo explicaré cuando seas mayor».

SUPERAR NUESTROS PROPIOS PROBLEMAS CON EL SEXO

Puede ser difícil hablar de sexo y temas afines si nosotros albergamos nuestros propios titubeos al respecto. Esfuércese por abordar el tema positivamente y sin rodeos. Si le sonrojan la curiosidad y las preguntas de su hijo, usted dará a entender que estos temas tienen algo de vergonzoso. Por el contrario, si responde a las preguntas de su hijo con franqueza y sinceridad, demostrara que la sexualidad es pasiva y que merece la pena buscar relaciones sanas cuando llegue el momento adecuado para ello.

VALIDE EL CONOCIMIENTO DE SU HIJO Y HÁGALE SENTIR LO MÁS CÓMODO POSIBLE

Es tan importante que a los niños nunca se les haga sentir avergonzados por su curiosidad. Es absolutamente natural. Por muy difícil que sea, valide la concienciación de su hijo y responsa a sus preguntas por completo y con sinceridad. Procure hacer que su hijo se sienta lo más cómodo posible cuando acuda a usted con sus preguntas.

BUSCAR RESPUESTAS

Si su hijo acude a usted y le confiesa que ha estado mirando pornografía espoleado por la curiosidad, siéntase satisfecho, porque la sinceridad de su hijo significa que confía en usted. El paso siguiente es tranquilizarle recalcando que la curiosidad y las preguntas sobre la sexualidad y el cuerpo humano son normales, pero que la pornografía no es la fuente adecuada para que su hijo encuentre las respuestas que busca. Recuérdele que usted siempre será franco con él y que responderá a cualquier pregunta que pueda tener mucho mejor que la pornografía. También debe reafirmar que es normal sentirse excitado al ver pornografía, ya que esa es su finalidad.

Antes de empezar, hágase algunas de estas preguntas: Como padres ¿qué podemos hacer para sentirnos nosotros más cómodos al hablar de estas cosas? Como padres ¿cómo podemos aprender a reconocer preguntas que nuestros hijos no tengan la confianza de hacernos? (Puede que sus hijos le lancen preguntas «sonda» para valorar su grado de comodidad con las preguntas que tienen en realidad). ¿Cómo le enseñará a su hijo que, si bien todos somos seres sexuales, todos tenemos la capacidad de controlar nuestras acciones?

BUSCAR RESPUESTAS

¿Por qué es natural sentir curiosidad por el sexo?

¿Qué medio productivo y sano existe para resolver dudas acerca de las preguntas sobre sexo?

¿Qué puedo hacer como su madre/padre para ayudarle a sentirse cómodo acudiendo a mí con   todas las preguntas que pueda tener acerca de su cuerpo?

8. UNA INDUSTRIA PARA ADULTOS

Hoy en día, los niños son expuestos a la pornografía a una edad temprana. «Esto no es una consecuencia lamentable de la facilidad de acceso al porno, sino que más bien se trata de una estrategia de negocio elaborada por la industria de la pornografía para atraer a un público cada vez más joven. Cuanto más joven es el muchacho al momento de empezar a masturbarse viendo pornografía, más probable es que adquiera el hábito de consumir porno habitualmente o que desarrolle la adicción a ello. La pornografía se suele definir erróneamente como una diversión o una fantasía, pero en realidad es una industria multimillonaria y predatoria que tiene a nuestros hijos (e hijas) en su punto de mira» (Dines, 2015).

La industria pornográfica no está integrada por un grupo reducido de personas que ha amasado una fortuna de miles de millones por puro azar. Es un sector complejo gestionado por ejecutivos expertos que delinean unas estrategias de marketing brillantes, tratan con bancos, empresas de televisión por cable, proveedores de internet e ingenieros de software. Organizan ferias profesionales, tienen sus publicaciones profesionales, galas de entregas de premios y un influyente grupo de presión, The Free Speech Coalition (Dines, 2010).

Esta industria pujante dotada de un importante peso político genera aproximadamente 97.000 millones de dólares a escala mundial (Morris, 2015). En Estados Unidos, su valor triplica los ingresos combinados de todos los equipos de las grandes ligas y Hollywood (unos 13.000 millones de dólares). Este éxito, sin embargo, se apoya en una regulación deficiente, condiciones de trabajo deplorables para sus trabajadores, métodos predatorios para reclutar a mujeres y opciones extremadamente limitadas para que estas participen en cualquier puesto relacionado con la producción.

El acceso indiscriminado a la pornografía, el uso de los géneros del dibujo animado y el manga, el auge de la porno «adolescente» en tanto que nicho de mercado y su negativa a emprender medida alguna con vistas a evitar que los menores vean o consuman sus productos en línea son solamente una parte de las pruebas de que este sector está procurando activamente hacerse con los corazones, las mentes y el dinero futuro de nuestros hijos. Dirigirse a los niños con vídeos de muestra «gratuitos» es una forma de engancharlos como clientes de por vida. Con el tiempo, el usuario necesita material más intenso y duro para obtener idéntico nivel de excitación y satisfacción. Y es ahí donde entran en juego las suscripciones de pago.

PREGUNTAS PARA EL DEBATE

¿Qué objetivo persigue la industria de la pornografía?

¿Por qué está mal que una industria se dirija a los menores con sitios Web y vídeos que sola mente pueden ver legalmente los adultos?

¿Es problemático que una industria dicte los deseos y los apetitos sexuales de la gente (de manera similar a como las multinacionales han dictado los hábitos alimentarios de miles de millones de personas)?

¿Deberían la industria pornográfica o el gobierno regular la protección de los menores frente a la pornografía (como por ejemplo, exigiendo que los internautas prueben que tienen al menos 18 años antes de permitirles acceder a los sitios Web pornográficos)? ¿O debería corresponderles exclusivamente a los padres la responsabilidad por lo que consumen sus hijos en sus hogares y fuera de ellos?

 La libertad de expresión es una parte integrante de numerosas culturas Occidentales. ¿Debería tener un sector la libertad de decir y producir lo que desee?

¿Por qué son legales algunos productos pese a ser dañinos para los consumidores (como los cigarrillos, los alimentos ricos en azúcares y la pornografía)?

9. LA PORNOGRAFÍA ES ADICTIVA

Todos tenemos un **circuito de recompensa** en el cerebro. Este circuito se activa cuando llevamos a cabo comportamientos perpetúan nuestra supervivencia (las relaciones sexuales, la alimentación, la vinculación afectiva, experimentar la novedad). En el interior del circuito reside el centro de recompensa cerebral (el núcleo accumbens). Algunas sustancias y ciertos comportamientos que en realidad son perjudiciales para el ser humano estimulan también el circuito y el centro de recompensa del cerebro.

Es aquí que el consumo de drogas y alcohol, así como el consumo de pornografía, incrementan los niveles de dopamina, un neurotransmisor que regula el placer, lo cual produce más necesidad incontrolable. A fin de satisfacer estas necesidades imperiosas, el sujeto vuelve a desarrollar las conductas que produjeron la liberación de dopamina original.

A medida que se repiten estos comportamientos, **se crean nuevas rutas** en este circuito de recompensa para facilitar la liberación de dopamina y su transmisión por la ruta. Es parecido a un sendero de montaña. Cuanto más se usa, más trillados y profundos son los surcos en el terreno. Los científicos denominan

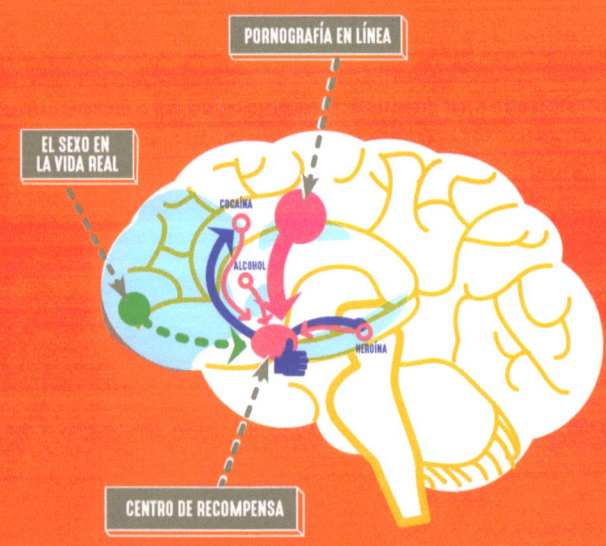

EL CIRCUITO DE RECOMPENSA

este fenómeno—esta transformación cerebral—neuroplasticidad, en el cual el cerebro traza nuevas rutas sobre la base de las experiencias del sujeto (Wilson, 2015).

Estas rutas en proceso de profundización son la prueba física de la tolerancia. A medida que el consumidor desarrolla más tolerancia, tiene necesidad de pornografía cada vez más variada y de mayor dureza para «colocarse» o experimentar la estimulación sexual que obtuvo la última vez que consumió pornografía. De esta manera se puede pasar fácilmente de la conmoción y la repugnancia que causaba el visionado de pornografía al hábito de consumirla. A la larga, la persona se vuelve adicta y necesita imperiosamente la pornografía, incluso ya si ni siquiera le «agrada».

¡Los cerebros infantiles y adolescentes son mucho más susceptibles a la dopamina y vulnerables a este proceso de adicción! («Pitt Researchers Find», 2011). En consecuencia, el cerebro de un niño o de un adolescente puede cambiar más fácilmente y es por tanto más susceptible a los efectos adictivos de la pornografía.

PREGUNTAS PARA EL DEBATE
¿Cómo funciona la adicción?

Si la pornografía puede cambiar su cerebro y engancharle en una adicción, ¿por qué algunas personas siguen viéndola?

¿Si ve pornografía una vez se convertirás en un adicto?

¿Por qué algunas personas se vuelven adictas a la pornografía, la comida o el alcohol, y otras no?

¿Por qué algunos no pueden parar de ver pornografía incluso queriendo hacerlo? ¿Por qué algunos no pueden hacer caso omiso de sus necesidades incontrolables?

Algunos buscan pornografía cuando están cansados, aburridos, solos, tristes o estresados. ¿Qué se puede hacer cuando uno se encuentra en esos estados? ¿Cómo se gestionan?

¿Qué cosas puedo hacer para evitar la adicción a la pornografía? ¿Qué otras actividades podemos realizar cuando nos sentimos aburridos, solos o tristes?

10. LA PORNOGRAFÍA CONDICIONA EL CEREBRO

La pornografía en internet proporciona lo que se conoce como un estímulo supernormal, término acuñado por Nikolaas Tinbergen en 1951. Tanto Tinbergen como los actuales especialistas en biología evolutiva emplean el término para describir cualquier estímulo que genera una respuesta desproporcionada con respecto a la respuesta propia del estímulo del que evolucionó, incluso si es de naturaleza artificial. Ejemplos de estímulos supernormales son los alimentos procesados o con elevado contenido en azúcar o sodio, los videojuegos, las drogas ilegales y la pornografía (Ciotti, 2014).

En sus experimentos, Tinbergen construyó mariposas de cartón con marcas más definidas. Las mariposas macho intentaban aparearse con ellas en lugar de con las hembras auténticas. Asimismo, Tinbergen pintó huevos de yeso para comprobar si los pájaros preferían empollar unos u otros. Encontró que las aves se decantaban por los huevos más grandes, los más saturados cromáticamente y con marcas más prominentes, llegando incluso a rechazar sus propios huevos moteados y pálidos para intentar empollar los falsos (Ciotti, 2014).

Tinbergen influió el comportamiento de estos animales mediante el uso de «súper» estímulos, de la misma manera que la pornografía influye en los menores y en los adultos para que tengan preferencia por versiones de seres humanos modificadas quirúrgicamente o por el Photoshop. A los niños se les está condicionando para que prefieran el suministro ilimitado de novedad del porno a las mujeres reales (Hilton, 2015).

LA PORNOGRAFÍA CAMBIA NUESTRAS CREENCIAS Y ACTITUDES

Cuando consumimos diversas imágenes y medios audiovisuales, estos se filtran en nuestro subconsciente, formando nuevas ideas a medida que las imágenes cambian nuestras expectativas y se convierten en nuestras creencias. Según Gail Dines: «las imágenes construyen nuestra forma de pensar en el mundo. Saltan de las páginas a nuestras vidas, nuestras identidades y nuestra sexualidad» (Dines, 2012).

En un extenso repaso a la investigaciones actuales, se ha constatado que los consumidores adolescentes de pornografía tienen más probabilidades de mantener relaciones sexuales a una edad más temprana, de albergar actitudes de apoyo a la violencia contra la mujer, de desarrollar un uso compulsivo de internet y de realizar prácticas sexuales de riesgo (Owens, et. al, 2012).

Otros estudios centrados en consumidores de pornografía varones y adultos sugiere que esos consumidores tienen más probabilidades de calificar a sus parejas como menos atractivas, de ver a las mujeres como objetos sexuales, de acosar sexualmente a mujeres, de abusar sexualmente de sus parejas y de creer que el Mito de la violación (*la creencia de que las mujeres son responsables de las violaciones, les gusta que las violen, desean la violación y que la violación tienen muy pocas consecuencias negativas*) (Layden, 2004)

PREGUNTAS PARA EL DEBATE

¿Ha visto alguna vez un anuncio de un refresco en un día caluroso de verano? ¿Se dio cuenta repentinamente de que tenía sed y necesitaba beber algo inmediatamente?

¿Ha escuchado alguna vez una noticia en la radio y visto después una noticia similar en la televisión? ¿Ver las imágenes del suceso ha influido en su forma de vivirlo?

Algunos afirman que el consumo de pornografía no afecta a su actitud ni cómo piensan en modo alguno. De ser esto verdad, ¿por qué tenemos anuncios de comida rápida, autos nuevos y productos de belleza? ¿Por qué las compañías gastan miles de millones de dólares en anuncios a fin de influir en nosotros y hacernos comprar sus productos?

Es posible permanecer inmune al consumo reiterado de la pornografía? ¿Puede uno ver pornografía frecuentemente y que sus pensamientos NO se vean afectados? ¿Y sus fantasías? ¿Y la forma de ver a las mujeres (y a los hombres)? ¿Y sus expectativas con respecto al sexo?

11. SI SU HIJO HA TENIDO CONTACTO CON LA PORNOGRAFÍA

¿Cómo va a abordar usted esta situación? Su reacción y las conversaciones posteriores son vitales. Si no lo habla de manera proactiva y sensible, puede que su hijo no confíe en usted lo suficiente como para acudir a usted cuando vuelva a suceder. Lo primero que hay que hacer es respirar profundamente. Hay acciones concretas y positivas que usted puede enseñarle a su hijo a modo de respuesta, lo cual atenuará el impacto.

PREGUNTAS PARA EL DEBATE
Estas preguntas le ayudarán a concluir si su hijo a tenido una exposición aislada, ha adquirido un hábito o desarrollado una adicción a la pornografía.

¿Dónde ha visto pornografía la primera vez?

¿Cómo se sintió?

¿Ha sentido el impulso de verla otra vez?

¿Qué preguntas tiene sobre lo que ha visto?

UN PLAN PARA LOS PADRES

MANTENGA LA CALMA
Conserve la compostura. Es poco probable que su hijo siga escuchándole si empieza gritando: «¿Que has visto qué?» al averiguar que su hijo ha visto pornografía. Es importante mantener un tono de conversación normal.

PREGUNTE CÓMO HA SUCEDIDO
«Ayúdame a entenderlo» es una excelente forma de preguntar cómo se produjo el contacto.

PREGUNTE QUÉ HA VISTO SU HIJO

Puede eliminar el secretismo y el poder de las imágenes que su hijo ha visto a base de diseccionarlas. Intente hacerle ver a su hijo lo poco realista que es la pornografía. A la vez explique lo peligrosa que es para aquellas personas cuyos conceptos del amor y la intimidad se ven afectados por ella.

TRANQUILICE A SU HIJO RECORDÁNDOLE QUE LA CURIOSIDAD ES NORMAL, PERO QUE LA PORNOGRAFÍA NO ES UNA REPRESENTACIÓN FIEL DEL SEXO NI DEL AMOR

Sí, la pornografía tiene que ver con el sexo. Pero su hijo tiene que saber que la pornografía no tiene nada que ver con la intimidad. El porno no incluye amor, relaciones sanas, ni emociones positivas. Remárquele a su hijo que la verdadera intimidad –la intimidad sana –debería incluir todas esas cualidades.

RECUERDE NO EMPLEAR LA VERGÜENZA NI LA CULPABILIDAD

Evite avergonzar a su hijo en un intento de convencerle de que no vuelva a verla. La vergüenza y la culpabilidad alimentan el secretismo propio de la pornografía. Si a un hijo se le hace sentir culpable o avergonzado, su autoestima sufrirá, lo cual puede impulsarle otra vez a consumir pornografía para conseguir otra dosis.

ELABORE UN PLAN

Decidan en familia qué harán cuando se enfrenten al porno o tengan la tentación de verlo.

HAGA SEGUIMIENTO CON FRECUENCIA

A medida que los hijos se hacen mayores pasan menos tiempo bajo nuestra supervisión. Hágale saber a su hijo que usted no ha olvidado las conversaciones que tuvieron y que siempre estará dispuesto para seguir hablando al respecto. Esta es la mejor forma de mantener abiertas las líneas de comunicación y asegurar que su hijo sepa que puede confiar en usted.

Ningún plan es perfecto; igual que ningún progenitor lo es. Lo más importante es que usted HABLE de ello. Hacer caso omiso del asunto no hará que desaparezca y bien podría ser el caldo de cultivo de un problema grave.

12. QUÉ HACER CUANDO VEA PORNOGRAFÍA: EL PLAN ¡SAL!

EL PLAN ¡SAL!

SABER LO QUE HA VISTO Y APARTARSE DE ELLO
APRECIAR LA NATURALEZA DE LO QUE HA VISTO Y HABLAR CON ADULTO DE CONFIANZA DE CÓMO NOS HA HECHO SENTIR
LUCHAR PARA NO VERLO OTRA VEZ

DÍGASELO A SUS PADRES
¡En cuanto vea algo pornográfico, dígaselo a sus padres (o a otro adulto de confianza)! Dígales a sus padres cómo encontró la pornografía. Incluso si se siente avergonzado o si nunca ha hablado de sexo con sus padres anteriormente, ellos van a ser la mejor ayuda para afrontarlo (Stiffelman, 2011).

HABLE DE SUS SENTIMIENTOS
Es natural tener reacciones físicas a imágenes pornográficas, e incluso excitarse sexualmente. Sin embargo, también es normal sentir asco, rabia, miedo, confusión y curiosidad. Es algo demasiado abrumador para vivirlo solo; hable con sus padres para su ayuda.

DESCONSTRUYA LAS IMÁGENES
Hable con sus padres sobre cosas como el consentimiento, las emociones, la intimidad y la excitación que se observa–o no–en la pornografía (Rosenzweig, 2013). La pornografía no muestra una sexualidad sana, ni el consentimiento auténtico, ni la intimidad genuina, ni una excitación natural.

COMUNÍQUESE
El proceso de hablar con sus padres sobre los efectos de la pornografía y las relaciones debería ser constante. En los días y las semanas siguientes, sea especialmente sensible a los cambios que se producen en su interior, como por ejemplo, un aumento de la ira, la curiosidad o la tristeza, y siga hablando con sus padres al respecto.

TRABAJAR JUNTOS: EL PLAN ¡SAL!

SABER LO QUE HA VISTO Y APARTARSE DE ELLO:
Tiene que saber nombrarlo cuando lo vea. La exposición a la pornografía puede incluso sorprender a un adulto. Hay señales que cabe esperar como la desnudez y los ruidos obscenos que permiten reconocer la pornografía rápidamente.
Representación: ¿Que va a hacer usted si se ve expuesto?

Situación: (niños) Se encuentra en casa de un amigo o una amiga y este quiere enseñarle algo en su computadora. En unos instantes, reconoce que se trata de pornografía. Algunas cosas que le puede decir a su amigo: «Eso no está bien, ¡apáguelo!» o «¡Qué asco, no quiero verlo!».

Situación: (adolescentes) Está con un amigo o amiga y este saca su celular para mostrarle algo. Es porno. Podría decir:
«¿Sabe que el sexo de verdad no es así, no?» o «Eso es degradante para las mujeres, y también para los hombres».

¡Piense en las palabras que usted diría y en un plan para sentirse preparado!

APRECIAR LA NATURALEZA DE LO QUE HA VISTO Y HABLAR CON ADULTO DE CONFIANZA DE CÓMO NOS HA HECHO SENTIR:
La exposición a la pornografía es un trauma. Quizá piense que a usted no le afecta lo que ha visto, pero ciertamente se trata de una experiencia que genera ansiedad a cualquier edad. Hablar de ello con sus padres (sobre lo feo que es, sobre la versión sesgada de la pornografía que representa y sobre cómo le ha hecho sentir) eliminará el misterio que la rodea, con lo cual restaremos parte de su influencia.

LUCHAR PARA NO VERLO OTRA VEZ
Tiene que saber dónde se verá expuesto a ella y qué amigos la miran. Si no es capaz de convencer a sus amigos de que dejen de mirar pornografía, plantéese si quiere seguir pasando el tiempo con ellos.

13. DETERMINAR SI SU HIJO SUFRE DE ADICCIÓN

ADICCIÓN: *Dependencia de un hábito, actividad o sustancia que generen esta dependencia al punto de que una interrupción en su consumo o realización tiene repercusiones traumáticas.*

Tras una primera exposición, algunos niños pasan del uso ocasional al hábito, para después desarrollar una adicción total. Cada uno de estos niveles precisa una respuesta particular. No todo hábito constituye una adicción y algunos niños son más susceptibles que otros a las tendencias adictivas. Debido a la naturaleza de la adicción y a la extraordinaria neuroplasticidad del cerebro adolescente, sin embargo, un hábito puede transformarse fácilmente en una adicción. Cuando intente averiguar el alcance del hábito de su hijo, las preguntas siguientes pueden orientarle.

INVENTARIO FAMILIAR: *(estas preguntas para el debate le ayudarán a saber si su hijo es un adicto así como, en su caso, a hacerse una idea de la gravedad de dicha adicción).*

¿Cuándo vio pornografía por última vez?

¿Dónde le resulta fácil ver pornografía?

¿Con qué frecuencia ve pornografía?

¿Cuándo siente la necesidad de ver pornografía? (Cuando está aburrido, enojado o frustrado) La adicción a la pornografía a menudo deriva de su consumo como medio de sobrellevar circunstancias como las anteriores).

¿Piensa que el uso de la pornografía es un hábito aceptable?

¿Se ha convertido su uso de la pornografía en un hábito cotidiano (una o varias veces al día)?

¿Parece alguna vez que su uso de la pornografía está descontrolado?

MANERAS DE CONCLUIR SI SU HIJO TIENE UN HÁBITO O ES UN ADICTO:
La presencia de sitios Web pornográficos en el historial de los dispositivos que emplea su hijo es una señal de que su hijo está

viendo pornografía habitualmente. Determine la regularidad y el alcance del contacto de su hijo con la pornografía.

SIGNOS DE QUE SU HIJO HA DESARROLLADO UN HÁBITO:

- Esconde el celular o dispositivo en cuestión
- El historial del dispositivo contiene sitios pornográficos
- Su manera de hablar se sexualiza
- Bromas sobre el lenguaje sexualizado o relativo al sexo
- Conocimientos sexuales impropios de su edad
- Aumento de comentarios despreciativos o desdeñosos, cosificación de los demás, etc.

SIGNOS DE QUE SU HIJO SE HA ADENTRADO EN EL TERRENO DE LA ADICCIÓN:

- Aislamiento: pasa el tiempo solo en su habitación o en el aseo
- Cambio de humor: esta es una posibilidad, pero tiene que evaluarse caso por caso
- Pérdida de interés en el trato social
- Períodos de tiempo en la ducha excesivamente prolongados
- Emulación de la conducta: mensajes de texto de contenido sexual, acoso sexual, correos electrónicos obscenos, etc.
- Secretismo, apartamiento de las relaciones
- Una conducta sexual impropia para su etapa de desarrollo
- Uso de los medios para hablar de pornografía: mensajes de texto, mensajes de la consola, Instagram o correo electrónico
- Visionado de múltiples sitios pornográficos. Cualquier sitio violento o aberrante en extremo será problemático para el desarrollo sexual sano
- Comportamiento arriesgado pese a las posibles consecuencias adversas: usar las computadoras de la iglesia, la escuela o sus vecinos para ver pornografía
- Signos de aislamiento/distanciamiento social (Hoyt, 2015)

14. SI SU HIJO ES ADICTO A LA PORNOGRAFÍA

Si a la luz de lo expuesto en la página anterior usted ha determinado que su hijo efectivamente sufre una adicción, siga leyendo para saber qué hacer ahora.

ADMITA LA ADICCIÓN
Es preciso que haya conversaciones continuadas y sinceras sobre la naturaleza de la adicción, y su hijo debe tomar la iniciativa en ellas. Este suele ser el paso más difícil en el proceso de rehabilitación y exige una respuesta sensible y positiva por su parte; debe elogiar a su hijo por compartir información tan delicada (Benson, 2015).

OFREZCA AMOR Y APOYO INCONDICIONALES
Su hijo necesita saber que usted estará a su lado, independientemente de cómo acabe siendo el proceso de recuperación. Esto implica que usted siga prestándole apoyo si se producen recaídas, lo cual es muy probable.

EXPLORE OPCIONES DE TRATAMIENTO
Contemple varias opciones, incluidos la terapia y o las sesiones de grupo para adictos. Su hijo debería ayudar a seleccionar a un terapeuta con el que se sienta identificado, pero sus opiniones como padres también son necesaria. El terapeuta debe estar calificado y debería aplicar tratamientos cuya base teórica este en consonancia con sus creencias y sus valores. Si su hijo es menor de 12 años, el padre tiene la responsabilidad de elegir al terapeuta (Benson, 2015).

ABSTÉNGASE DE AVERGONZAR A SU HIJO O DE HACERLE SENTIR CULPABLE
La vergüenza y al culpa no caben en el proceso de recuperación. Ambas son contraproducentes a la hora de progresar y solamente sabotearán el éxito de su hijo en superar el comportamiento adictivo.

EXPLORE LAS NECESIDADES EMOCIONALES
Pregúntele a su hijo que le llevo a mirar contenidos pornográficos por primera vez. ¿Lo hizo para llenar un vacío emocional? ¿Dio resultado?

EXPLORE COMPORTAMIENTOS SANOS ALTERNATIVOS

¿Qué comportamientos sanos podrían satisfacer las necesidades emocionales de su hijo? Ayúdele a descubrir la variedad de actividades y aficiones sanas y positivas que pueden satisfacer nuestras necesidades emocionales y contribuir a nuestra salud emocional.

ENSÉÑELE A SU HIJO A AUTOCONTROLARSE

El autocontrol *es la capacidad de identificar los comportamientos o las tendencias propias y sus desencadenantes y pensar antes de actuar.* Es una difícil tarea, especialmente dado que los niños son generalmente impulsivos, lo cual tiene una vinculación directa con la adicción.

ELABORE UN SISTEMA DE REFUERZO POSITIVO

Valide los esfuerzos y el progreso de su hijo mediante un sistema de refuerzo positivo adaptado a sus necesidades (y que no precise dinero ni comida). Los incentivos del comportamiento positivo son potentes, y planificar una salida o una actividad en familia a medida que su hijo progresa puede convertirse en una gran motivación para el cambio.

COMUNÍQUESE CON SU HIJO

Permanezca constantemente en contacto con los sentimientos de su hijo mientras este pasa por el proceso complicado de vencer una adicción. Este proceso se desarrolla con pequeños pasos, uno tras otro, mientras usted camina junto a su hijo, lo apoya, y establece las bases del sentido de la responsabilidad por sus actos. Ande junto a su hijo en su arduo viaje hacia la recuperación y la paz. Compartir esta experiencia con su hijo creará un vínculo que será valiosísimo para ambos.

Consulte el apartado de Recursos al final de este libro a fin de encontrar opciones de psicoterapia profesional, o visite www.educateempowerkids.org para obtener más recursos e información acerca de la pornografía y la adicción a ella.

15. LUGARES DEL CONTACTO CON LA PORNOGRAFÍA

Es imposible proteger o preparar a nuestros hijos ante cualquier eventualidad. Los dispositivos móviles hacen tan posible que nuestros hijos vean pornografía tanto en la iglesia como en la escuela. Lo que sí podemos hacer es asegurar que nuestros hijos estén bien informados y preparados para las situaciones generales que pueden surgir. Formar a su hijo para que esté listo en cualquier situación se ha convertido en una necesidad desafortunada, pero es posible.

LUGARES DEL CONTACTO CON LA PORNOGRAFÍA:

DISPOSITIVOS MÓVILES (celular, tableta, etc.): Un progenitor puede reducir el riesgo de exposición a la pornografía en el dispositivo propio instalando restricciones y filtros. No podemos controlar los dispositivos de otros niños, pero sí podemos tener una conversación franca con otros padres sobre lo que ellos pueden hacer para proteger a sus hijos.

COMPUTADORAS DOMÉSTICAS: No es inusual que un niño se tope con la pornografía en la computadora de su hogar. Los padres pueden instalar filtros en las computadoras de la casa y controlar personalmente lo que hacen sus hijos. Mantiene las computadoras en lugares compartidos como la cocina o el salón. Los niños pueden recibir exposición en las casas de otros, por lo que esa conversación abierta con otros padres sobre la vigilancia se hace necesaria.

MENSAJES SEXUALES (envío de fotografías o mensajes de contenido sexual explícito a través del celular) and Mensajería (correos electrónicos, mensajería instantánea a través de medios de comunicación social, etc.): Si su hijo tiene un dispositivo con acceso a internet sin duda tiene la capacidad de enviar y recibir mensajes por iMessage o cualquier aplicación de mensajería de terceros. Las ramificaciones de este acceso pueden ser prolongadas y de gran trascendencia.

El adolescente que toma una fotografía de sí mismo sin ropa y la envía a otro adolescente comete técnicamente tres delitos graves. Podría acusársele de promoción, distribución y posesión de pornografía infantil, y, de ser condenado, podría acabar en prisión. Al adolescente que recibe una imagen sexualmente explícita (incluso si no la ha solicitado) se le puede acusar de posesión. Y si la imagen se envía a otra persona, el adolescente se enfrenta a un delito de distribución de ser detectado.

Si se le declarara culpable, la condena sería presumiblemente un delito grave and conllevaría la inscripción del nombre del adolescente como delincuente sexual (US Sexting Laws and Regulation [«Legislación estadounidense sobre mensajes electrónicos con contenido sexualmente explícito»], 2011).

COMPUTADORAS ESCOLARES: Aunque estas computadoras y tabletas están destinadas al su uso por parte de los escolares y tienen filtros instalados, las imágenes y los sitios Web encuentran formas de «entrar». Como los maestros emplean YouTube y Google Image Search para enseñar, la exposición en la escuela se vuelve cada vez más común. Los docentes suelen estar vigilantes, pero es necesario dotar a su hijo de un plan.

SISTEMAS DE ENTRETENIMIENTO DOMÉSTICO: Xbox, Playstation, Netflix, TV inteligentes…todos ellos son vías poco conocidas por las que los niños se ven expuestos a la pornografía. La mayoría de estos dispositivos cuentan con aplicaciones descargables, como YouTube, donde acceder a la pornografía es muy sencillo.

PREGUNTAS PARA EL DEBATE
¿Qué haría si un amigo le muestra pornografía?
¿Qué haría si aparece pornografía en la pantalla de la computadora de la escuela?
¿Qué haría si aparece pornografía en su celular?
¿Qué haría si alguien le envía una imagen o un vídeo pornográfico?
¿Sabe lo que pasa si envía, solicita, recibe fotos explícitas sexualmente de otra persona o a otra persona

16. LA ALFABETIZACIÓN MEDIÁTICA

La alfabetización o competencia mediática es la capacidad de analizar y evaluar los medios audiovisuales. Los niños que conocen los medios entienden los mensajes que reciben a través de todo tipo de medios audiovisuales, incluidos los de contenido sexual intenso, y piensan críticamente al respecto.

La mayoría de nosotros, adultos y niños, carece de competencia mediática. No somos capaces de descodificar una imagen tan rápidamente como la palabra escrita. Este analfabetismo mediático es alarmante porque a los niños se les bombardea con imágenes e ideas en los medios todos los días. Es importante que los niños sepan que las imágenes mejoradas digitalmente reflejan cánones inalcanzables para cualquier. Todos los mensajes de los medios son artificiales. Los agentes de comercialización y los equipos de publicistas crean campañas que se traducen en lo que la gente ve y oye en los medios. Todas estas campañas están orientadas a los niños, como sucede en el caso de la pornografía.

📖 **AGENTE DE COMERCIALIZACIÓN:** *Persona cuyo trabajo es promover, vender o convencer a los posibles compradores para que adquieran un producto o servicio.*

POR QUÉ ES IMPORTANTE LA COMPETENCIA MEDIÁTICA
«Los niños son expuestos a la sexualización, a la violencia, al acoso, a la comercialización de alimentos, alcohol y tabaco insalubres, así como a imágenes del cuerpo poco sanas y los estereotipos de género. El consume de medios influye en el comportamiento de los niños y puede contribuir a la agresión, la violencia y el acoso, la depresión, problemas relacionados con la imagen corporal, la obesidad, las toxicomanías y otros efectos negativos para la salud física y mental» (Media Literacy Now, 2014). La única manera de contrarrestar todos estos efectos adversos es enseñar a nuestros hijos a mirar con un ojo crítico.

LEER UNA IMAGEN
Los niños de hoy tienen que ir más allá de ser meros «letrados»; tienen que saber leer imágenes también. La lectura de una imagen incluye comprender el público receptor, el contexto y la finalidad de la imagen. Un aspecto clave de la lectura de una imagen incluye la desconstrucción.

📖 **DESCONSTRUCCIÓN DE UNA IMAGEN:** *Reducir la imagen o el mensaje a sus componentes (palabras, imágenes, lenguaje corporal, tono). Examinar estos componentes críticamente e interpretar sus significados propios.*

BUSQUE UN ANUNCIO EN UNA REVISTA O MIRE UN ANUNCIO EN TV. RETE A LOS NIÑOS A PLANTEARSE LAS SIGUIENTES PREGUNTAS RÁPIDAS CUANDO SE VEAN EXPUESTOS A LOS MEDIOS:

1. ¿Quién ha creado el anuncio?
2. ¿A quién va dirigido el anuncio? (la franja de edad o el tipo de persona)
3. ¿Cuál es el mensaje general del anuncio?
4. ¿Hay algún mensaje subyacente?
5. ¿Cómo le hace sentir el anuncio? ¿El anuncio me hace sentir la necesidad de un producto? ¿Que mi vida será mejor con el producto? ¿Me hace cuestionar mis valores o mis normas?
6. Si hay una persona en el anuncio, ¿tiene un aspecto realista?
7. ¿Es un anuncio apropiado para niños?

La exposición de niños y adultos a los medios audiovisuales, tanto inocuos como dañinos, se prolonga toda la vida. Los niños tienen la tendencia a creer lo que ven y lo que se les dice. El primer paso para ayudarles a adquirir alfabetización mediática es enseñarles a **pensar críticamente** sobre los medios. Uno de los mejores instrumentos para lograrlo es enseñarles a desconstruir una imagen. Si lo hacemos, nuestros hijos se convertirán en consumidores multimedia inteligentes y bien informados.

17. HACER INVENTARIO Y CREAR UNA DIRECTRIZ FAMILIAR

AYUDE A SUS HIJOS A BUSCAR LO MEJOR Y EVITAR LO PEOR

La finalidad de hacer inventario es averiguar cuánto tiempo y energía dedica su familia en realidad a los medios audiovisuales. No todos ellos son negativos, pero hay estudios concluyentes que muestran que pasar demasiado tiempo delante de una pantalla es perjudicial para el desarrollo del cerebro, el crecimiento y las relaciones (Brown, et. al., 2015). Cuando haga el inventario, es importante ser sinceros con respecto a nuestro consumo real de medios.

Es importante también tener en cuenta dónde están ubicados todos los dispositivos en nuestro hogar. Estos dispositivos son como puertas en nuestra casa; pueden ser portales de aprendizaje o brechas por las que «intrusos» pueden penetrar en nuestro hogar.

En su inventario, no olvide incluir el tiempo que su familia dedica a la televisión, a las redes sociales y a internet, sin olvidar los sitios de transmisión de vídeo en línea como Netflix. Hablen de cualquier producto audiovisual que NO estará permitido en su hogar, como programas de contenido violento o sexual.

PREGUNTAS PARA EL DEBATE
¿Qué normas aplicamos en casa sobre la clasificación por edades de videojuegos y programas de TV?

¿Qué normas deberíamos aplicar sobre nuestro comportamiento en internet, especialmente en las redes sociales?

¿Cuáles son las consecuencias de incumplir las normas?

¿Qué papel tienen los medios audiovisuales en nuestro hogar? ¿Son el centro de atención, o una herramienta, o se usan para entretenerse ocasionalmente?

¿Cuánto tiempo dedicamos a los medios audiovisuales?

PAUTAS FAMILIARES SOBRE MEDIOS AUDIOVISUALES:

Elabore una guía personalizada y detallada que también constituya un acuerdo –una norma –en su familia a fin de determinar qué tipos de medios, dispositivos, horarios e instrumentos de protección se van a emplear.

Qué incluir: Cada familia tiene que fijar el alcance de sus pautas de medios en función de las circunstancias y las necesidades particulares. Sin embargo, le sugerimos lo siguiente:

HACER INVENTARIO

Dispositivos familiares con acceso a internet: _____
_____

¿Cuántas horas pasamos delante de una pantalla a diario?
Nombre:_____ Hours: _____
Nombre:_____ Hours: _____
Nombre:_____ Hours: _____
Nombre:_____ Hours: _____

¿Dónde tenemos nuestros dispositivos?
_____

¿Qué videojuegos/programas de TV/redes sociales usamos/vemos?
_____
_____

FIJAR LÍMITES

¿Qué tipos de productos audiovisuales vamos a permitir en casa? _____
_____

¿Cuáles son nuestros límites máximos de tiempo ante una pantalla? ___
_____

¿Qué normas aplicamos para las redes sociales? _____
_____

¿Qué filtros, controles parentales, y/o software de supervisión emplearemos? _____
_____

Responsabilidad y consecuencias: Su pauta debe abordar estas cuestiones para resultar eficaz. Tiene que tratar en familia cómo cada uno de ustedes será responsable de obedecer las normas y que habrá consecuencias por su incumplimiento. Integre la rendición de cuentas en su plan, pero ayude a sus hijos a cumplir las normas instalando filtros y restricciones. Hable de las expectativas sobre uso el de computadoras o celulares fuera del hogar, y enumere los sitios Web y las cuentas redes sociales que no están permitidas.

Adaptado de Fight the New Drug's Family Media Standard, (2013). Último acceso: 25 de abril de 2015..

18. INFORMES COMPLETOS Y CONEXIONES DIARIAS

Todos tenemos varias «cuentas» que nos ayudan a funcionar y ser felices; son esenciales para el éxito también. Aquí, nos centramos en las siguientes «cuentas»: física, emocional, social, espiritual e intelectual. Para ser felices y mejorar nuestro bienestar, hemos de mantener un cierto «saldo en las cuentas».

Nuestros hijos hacen frente a presiones susceptibles de vaciar las cuentas. Nuestro cometido es enseñarles a ser conscientes de esto: ciertas cosas agotan las cuentas y podemos hacer otras para fortalecernos.

Cuando una cuenta está vacía, tomamos prestado de las otras. Por ejemplo, cuando una persona se siente sola o disgustada puede reaccionar exageradamente para llenar una cuenta: por ejemplo, puede pedir prestado de su cuenta física para rellenar su cuenta emocional. Cuando varias cuentas tienen contenidos reducidos sentimos ansiedad, tristeza e incluso depresión. En ese estado, los niños son más vulnerables y proclives a buscar comportamientos insalubres como ver pornografía, lo cual puede agotar todas las cuentas.

El hábito de la pornografía o la adicción a ella no sobrevienen fácilmente para una persona cuya vida tiene rumbo y sentido. Tampoco lo hacen para quienes cuentan con lazos estrechos en una unidad familiar. Generar conexiones más profundas es una de las mejores formas de prevención de las adicciones a nuestro alcance.

La mejor manera de combatir el agotamiento de las cuentas es asegurar que hacemos un poco todos los días para mantenerlas llenas. Los niños no siempre tienen la capacidad emocional para comprender como un ámbito vital puede agotar otro, de modo que la mejor forma de explicar este concepto es recurrir a experiencias propias.

PREGUNTAS PARA EL DEBATE

¿Ha notado como se pone de mal humor cuando no duerme lo suficiente? (Eso se debe a que la cuenta física no está llena y empieza a extraer recursos de la cuenta emocional).
A veces, cuando he visto la TV mucho tiempo, empiezo a estar

irritable, especialmente cuando mis familiares quieren tratar conmigo ¿A qué piensas que se debe esto?

Cuando paso mucho tiempo en las redes sociales, empiezo a sentir menos necesidad de tratar con personas en la vida real ¿es este un hábito sano?

Cuando algo me molesta, ¿es más saludable afrontarlo mirando un dispositivo para evadirme o hablar con un familiar que me ayude a ver las cosas más positivamente?

¿Son las «relaciones» en línea tan satisfactorias como las de la vida real? ¿Pueden llenar cuentas?

¿Se siente uno tan bien al recibir un «abrazo» en internet como cuando se abraza a una persona de carne y hueso?

OPCIONES PREFERIBLES

Cuando empezamos a desconectar de familiares y pasándose a relaciones en línea, esto genera una desconexión general donde vivimos y en la sociedad. Elegir la conexión con familiares y amigos en la vida real muestra a nuestros hijos que las ventajas del contacto humano superan con creces las conexiones en línea en todos los aspectos. Podemos enseñarles a hacerlo diariamente:

- Enséñele a hablar con un amigo o con un progenitor en persona.

- Su hijo es más importante que una pantalla: si se sienten abandonados por causa de una pantalla, enséñeles a decirles a los demás que dediquen un rato al contacto humano.

- Declare períodos de tiempo sin pantallas en su hogar. Piense en cosas que pueden hacer juntos. Ello hará que todos se comuniquen y se sientan más cómodos en la presencia de los demás.

For a more in-depth instruction of helping kids to keep their Consulte el nuevo libro *30 Days to a Stronger Child* de Educate and Empower Kids para obtener información más pormenorizada sobre cómo ayudar a los niños a mantener sus cuentas llenas.

19. LA INTIMIDAD SEXUAL SANA

Uno de los rasgos distintivos de la pornografía es la ausencia total de intimidad. Se ha descrito el porno como «sexo sin manos» (Gavrieli, s.f.). Nadie se toma de la mano, se abraza, se acaricia, ni realiza actos asociados al amor, al respeto mutuo o una conexión estrecha. Por ello, es imperativo que hablemos de lo opuesto a la pornografía: la intimidad sexual sana.

Es común en los medios, y omnipresente en la pornografía, que se enseñe al espectador que el sexo y la intimidad son conceptos autónomos. La educación sexual en la escuela puede abordar la mecánica, la prevención del embarazo y las enfermedades de transmisión sexual, pero no enseña cómo progresar en una relación, cómo crear intimidad y cercanía, ni cómo se forma una gran relación: todos ellos ingredientes del mejor sexo (y el más saludable). Tenemos que tomar la iniciativa en estas conversaciones para ayudar a nuestros hijos a desarrollar relaciones sanas y su propia sexualidad, única y saludable.

Cuando hable de la intimidad sexual sana con sus hijos, incluya los puntos siguientes en la conversación:

- ¡El sexo puede ser sano e increíble!

- La intimidad («conectar» con otro ser humano) debería ser el aspecto central del sexo.

- El sexo puede ser una experiencia positiva o negativa: las personas eligen los comportamientos que lo hacen positiva.

- El sexo funciona mejor cuando entendemos nuestros cuerpos: hablen de la pubertad, la imagen corporal, la masturbación, los mecanismos del sexo y la identificación sexual.

- En el sexo, todas las partes implicadas tienen que dar su consentimiento claro.

- El sexo puede ser insalubre o peligroso cuando se manipula a alguien o se le fuerza a realizar actos sexuales (hable de depredadores, comportamientos propios de la captación de menores y que hacer si se encuentran en una situación similar).

Las relaciones sanas fomentan el sexo sano. Hable de los conceptos relativos a las relaciones como la autoestima, los límites y los contrastes entre las relaciones sanas y las abusivas. Haga que sus conversaciones sean excelentes sobre estos temas y muchos más leyendo nuestros libros *30 Days of Sex Talks, Empowering Your Child with Knowledge of Sexual Intimacy*.

La intimidad sexual sana es un componente importante de las relaciones sanas. Sin embargo, dado que la intimidad no suele reflejarse fielmente en los medios, hemos de procurar que nuestros hijos sepan lo que es intimidad y como desarrollarla en una relación.

- La intimidad es un sentimiento de cercanía, amistad, afecto, amor y aceptación.

- La intimidad tiene componentes emocionales, mentales y sociales, pero también puede tenerlos físicos y espirituales.

- La intimidad progresa, crece y cambia con el tiempo.

- Entender cómo tiempo juntos, el afecto físico, la amabilidad, el altruismo, la risa y el llanto con la pareja, el perdón y trabajar juntos cuando hay cultiva la intimidad en una relación.

PREGUNTAS PARA EL DEBATE

¿Por qué es un problema adoptar el punto de vista de que el sexo y la intimidad son cosas independientes?

¿Qué pasa cuando la pornografía dicta nuestras ideas sobre el sexo y nosotros no creamos nuestra propia sexualidad única?

¿Es posible desarrollar nuestra propia sexualidad única y sana sin la influencia de los medios y de la pornografía?

¿Puede la intimidad aparecer «de la noche a la mañana» o en unos pocos días?

¿Cómo sabemos si en nuestra relación hay intimidad?

¿Por qué es satisfactoria una relación íntima? ¿Puede tener una relación íntima sin compromiso?

20. EL CONTROL Y EL FILTRADO

Todos sabemos que existen medios de controlar y filtrar el contenido en línea, sin embargo, puede ser abrumador encontrar el punto de partida. Con todo, el control y el filtrado son una herramienta muy importante a la hora de proteger a nuestros hijos de la exposición a la pornografía. Todo es más sencillo cuando se reduce a pasos sencillos de manejar: dedique el tiempo necesario a informarse sobre las opciones de control y filtrado que existen.

DISPOSITIVOS MÓVILES

👑 Existen filtros y restricciones programables por parte de los padres en cualquier tablet o dispositivo móvil. Ello es necesario debido a la naturaleza misma de los dispositivos, diseñados para ser móviles y transportarse fuera de casa, lejos del alcance del encaminador familiar. Los dispositivos móviles pueden emplear algunas aplicaciones de software idénticas a las que se instalan en las computadoras para filtrar pornografía y demás contenidos no deseados.

👑 La mayoría de los operadores móviles ofrecen sus propios controles y servicios para padres; se pueden comprar por una tarifa extra.

👑 También existe la opción de utilizar restricciones incorporadas que proporcionan algunos fabricantes de dispositivos móviles (por ejemplo, los productos de Apple). Educate and Empower Kids facilita instrucciones paso a paso para configurar restricciones en un iPhone en el su sitio Web http://bit.ly/1JS1S7H.

Muchos padres siente que se han «arreglado el asunto» una vez instalado un filtro. No se engañe ni engañe a sus hijos acerca de lo que puede suceder cuando un dispositivo sale de su casa, en cualquier dispositivo con acceso a internet que entre en su hogar, o en los dispositivos de otras personas.

DISPOSITIVOS DOMÉSTICOS

Cuando se trata de filtros y vigilancia de contenidos en internet dentro de su hogar hay varios puntos en los que centrarse.

EL ROUTER O ENCAMINADOR: El encaminador es la primera puerta de entrada a internet en su hogar. El encaminador está una caja que divide la señal de internet procedente del módem del proveedor de servicios de internet y posibilita que todos sus dispositivos se conecten a la red. A veces el módem y el encaminador están integrados en el mismo dispositivo que su proveedor de servicios de internet le suministra.

WI-FI: La mayoría de estas conexiones se realizan de forma inalámbrica a través de Wi-Fi, que puede ir protegida por una contraseña. Normalmente, suele haber unos cuantos dispositivos que van integrados directamente en el encaminador.

FILTRADO DE DISPOSITIVOS: Hay también filtros de internet en el nivel del dispositivo, es decir, la computadora misma, la tableta o el dispositivo multimedia de que se trate. Existen también numerosas aplicaciones de software que permiten filtrar pornografía. Ejemplos: K9Webprotection.com, Netnanny.com, Covenanteyes.com, Internetsafety.com.

SOFTWARE DE SUPERVISIÓN: Este tipo de software no es un filtro y no bloquea contenidos. La supervisión de internet permite crear informes de lo que se ve y se hace en línea y está diseñada para empezar una conversación, ayudando a todos los habitantes de su hogar a tomar decisiones más acertadas en lo relativo al uso de internet (Internet Accountability Software for Windows, Mac, and Mobile, 2015).

Recuerde que estos métodos en realidad solamente actúan a modo de venditas y no pueden sustituir el dialogo y la genuina rendición de cuentas. Su hijo dejará el hogar algún día y en ese momento tendrá que tomar sus propias decisiones saludables. Si preparamos a los niños, podrán tomar decisiones correctas por su cuenta, sin vigilancia.

21. EL AUTOCONTROL

EL AUTOCONTROL: es la capacidad de identificar las tendencias y los comportamientos propios, así como sus factores desencadenantes y pensar cuidadosamente antes de actuar.

Nuestros hijos no siempre vivirán bajo nuestro mismo techo. Cuando los adolescentes se marchan del hogar para ir a la universidad y progresar hacia la edad adulta, queremos que eviten la pornografía el resto de sus vidas. Los niños necesitan estar bien informados y conocer los efectos perjudiciales concretos de la pornografía, no solo que es «mala». Cuando los niños llegan a comprender el funcionamiento de la adicción, también se les puede enseñar que sus cerebros poseen facultades formidables y tienen la capacidad de tomar decisiones acertadas. Los adolescentes no tienen que ser esclavos de cualquier deseo o emoción que se les pase por la cabeza.

Al conversar sobre la destreza del autocontrol, recuérdele a su hijo el plan ¡SAL! descrito anteriormente en este libro, y hable de formas de afrontar escenarios variados y concretos que pueden darse en su futuro, como por ejemplo:

- ¿Qué tendría que decir si su amigo quiere que usted vea pornografía en el autobús de la escuela?

- ¿Qué haría si aparece una imagen pornográfica mientras hace sus tareas?

- ¿Qué puede hacer o con quien puede hablar si tiene preguntas sobre el sexo o la pornografía?

- ¿Es todavía importante evitar la pornografía de adultos cuando estamos lejos de casa?

Otro aspecto significativo del autocontrol es la confianza. Debemos dotar a nuestros hijos de las herramientas y la información para tener éxito y transmitirle a nuestros hijos que confiamos en que ellos tomarán decisiones correctas. Puede habilitar extraordinariamente a un niño que confíen en él y que se le den oportunidades de tener éxito o de fallar en este asunto.

Igualmente importante es que usted mantenga conversaciones continuadas con respecto a la pornografía, la intimidad sexual, las actividades de internet, las relaciones con amigos e iguales y otros temas importantes para su hijo. Estas charlas constantes deberían ser reiteradas, madurando y evolucionando con el tiempo. Con ello la protección y la preparación serán mayores para nuestros hijos, quienes pasan, o pasarán, una gran cantidad de tiempo en internet.

Un diálogo constante con ellos sobre su salud emocional es también importante. Sus hijos deberían entender cómo las emociones pueden desencadenar decisiones impulsivas y precipitadas, muchas de las cuales no son sanas. A menudo el estrés, el enfado, el cansancio, la depresión o la tristeza pueden hacernos buscar cosas perjudiciales, como la pornografía. Hable de vez en cuando de mecanismos de adaptación para ayudar a sus hijos a encontrar sus propias destrezas de adaptación y orientarles hacia ellos.

PREGUNTAS PARA EL DEBATE

A veces una imagen pornográfica que vemos se queda «fijada» en nuestra cabeza tiempo después de haber apagado la computadora o el teléfono. ¿Cómo podemos distraernos o sustituir esa imagen en nuestras mentes?

¿Qué situaciones estresantes o tristes pueden desencadenar sus emociones negativamente o hacerle buscar cosas perjudiciales?

Si tiene un día difícil o esta aburrido y desea ver algo en línea que sabe que no debería ver, ¿qué cosas puede hacer para distraerse y evitar entrar a internet? (leer, montar en bicicleta, hablar con amigos, echarse una siesta, hacer algo, dibujar, jugar a un deporte).

¿Con quién puede hablar cuando la vida se complica?

Recuérdeles a sus hijos que usted los quiere y que la necesidad de autocontrol no pesa completamente en sus propios hombros. A medida que los niños madura y se preparan para dejar el hogar, estarán mejor equipados para manejar su propio autocontrol.

CONVERSACIONES ADULTAS PARA PADRES Y ADOLESCENTES

22. LA PORNOGRAFÍA ES DESTRUCTIVA

Esencialmente, la pornografía enseña que el sexo es conflicto, narcisismo y humillación. Una vez se eliminan las excusas según las cuales el porno es una diversión, una fantasía lúdica, se detectan el mensaje y los significados auténticos que se están enseñando a nuestros hijos (Layden, 2010).

LA PORNOGRAFÍA ENSEÑA QUE LA INTIMIDAD ES IRRELEVANTE

Como se ha mencionado anteriormente, no hay abrazos amorosos, ni palabras tiernas, ni relaciones sexuales consideradas en la pornografía. Solamente encontramos un acto sexual vacío. Las imágenes constantes de personas obsesionadas egoístamente con su propio placer enseñan a nuestros hijos que el sexo es algo que se toma de alguien, no algo que se ofrece en pareja.

LA PORNOGRAFÍA NORMALIZA COMPORTAMIENTOS ABERRANTES

«Las personas construyen sus nociones de la realidad a partir de los medios que consumen, y cuanto más consistente y coherente sea el mensaje, más personas creerán que es verdad» (Dines, 2015). Esto es lo que resulta tan alarmante con respecto a los géneros populares actuales y lo que los pornógrafos están produciendo una y otra vez. La industria de la pornografía ha elaborado un mensaje muy consistente y coherente acerca de la mujer. El mensaje es que a las mujeres les agrada que las obliguen a mantener relaciones sexuales, deberían ser violadas y que cuanto más jóvenes sean, tanto mejor. El porno «adolescente», en el que mujeres representan a pubescentes y mantienen relaciones sexuales con hombres más mayores, también normaliza la idea de que los hombres deberían buscar sexo con jóvenes menores de edad. Otro comportamiento aberrante que se celebra en el porno es el incesto, con palabras clave como «mamá», «madrastra» y «hermanastra» entre los principales resultados de las búsquedas.

LA PORNOGRAFÍA CELEBRA EL DOMINIO POR PARTE DEL HOMBRE

«La mayor parte de la pornografía que satura nuestras vidas 'hiperaudiovisualizadas' no solo presenta imágenes de 'sexo', sino que el sexo que se representa aparece en un marco de dominación masculina» (Jensen, 2011). Un tema perenne y continuo en el porno es el de un hombre, o un grupo de hombres, que ponen a una mujer en una situación de desvalimiento. Normalmente, ella aparece de rodillas u obligada a someterse de alguna manera. Este hincapié en el dominio masculino distorsiona y pervierte la dinámica sexual saludable entre los sexos.

PREGUNTAS PARA EL DEBATE

¿Por qué la pornografía no representa conductas amorosas e íntimas?

¿Cree que los niños nacen con un deseo de dominar a otras personas o que este comportamiento se adquiere socialmente en ocasiones mediante el contacto con los medios audiovisuales y la pornografía?

¿Por qué es tan fácil creer todo lo que leemos? ¿Por qué es tan fácil lo que vemos en un vídeo?

¿Afecta a nuestras creencias el número de veces que vemos algo? Si veo a varias personas sonreír mientras se las abofetea, ¿puedo llegar a creer que les gusta?

Si veo repetidamente vídeos de actores y actrices representando el papel de padres e hijas que quieren mantener relaciones sexuales, ¿puedo empezar a ver esta conducta como algo normal?

Algunos expertos (Dines, 2010) afirman que la pornografía secuestra nuestra sexualidad repitiéndonos sin cesar lo que «debe» ser el sexo. ¿Debería una persona crear su propia sexualidad sana y única sin la influencia del porno o de los medios? ¿O necesita «ayuda» de influencias externas?

23. LA PORNOGRAFÍA FOMENTA EL ODIO

Debido a su naturaleza áspera e insensible, la pornografía daña la mente de la persona mucho más que cualquier otra sustancia o producto audiovisual que pueda consumir.

LA PORNOGRAFÍA DESHUMANIZA

Conviene observar que una mujer nunca recibe tal apelativo en la pornografía. Los nombres que recibe varían, pero siempre van a peor: puta, fulana, por mencionar algunos. Al tratar a la mujer con tal falta de respeto y desprecio, es fácil para el espectador olvidar que las mujeres son seres humanos. De esta manera, el usuario no verá a la actriz como una mujer relacionable con ninguna mujer conocida por él, como su hermana, su madre o su novia. Más bien, la verá como una «puta» que no solo disfruta siendo maltratada u obligada a realizar un acto concreto, sino que además lo desea (Dines, 2010).

LA PORNOGRAFÍA ES VIOLENTA

En todos los sitios del género que sea existe una serie inagotable de vídeos en los que la mujer recibe epítetos crueles, escupitajos, se la ahoga y abofetea, eyaculan encima de ella, la fuerzan a realizar el actos sexuales o la violan. Un tema popular es el de una mujer a la que se obliga a mantener relaciones sexuales o se la viola, pero hace ver que disfruta de ese tratamiento.

LA PORNOGRAFÍA ES RACISTA

Todos los estereotipos negativos de naturaleza cultural o racial se aceptan y se exagera en la pornografía. Latinos y asiáticos, negros y orientales, si no se es de raza blanca, serán carne de estereotipo y desprecio. Las asiáticas aparecen como muchachas chiquitas y sumisas que buscan a un hombre que les dé órdenes, mientras que las latinas se representan como inmigrantes ilegales o recamareras capaces de hacer cualquier cosa para complacer.

LA PORNOGRAFÍA DESTRUYE LA EMPATÍA

En pornografía, el sexo tiene lugar sin preocupación por el prójimo, con lo que se demuestra una total carencia de empatía. El comportamiento del hombre en el porno suele parecer el de un sociópata (sin conciencia) e incluso de un sádico, con la simulación del sexo forzado o de la violación. Para mayor confusión de niños y adolescentes, las actrices actúan como si disfrutaran de la humillación o la coacción. Ello puede hacer que el usuario de cualquier edad crea que la mujer disfruta de lo que le está pasando e incluso que «desea» que la violen.

«La pornografía es uno de los factores que reducirán radicalmente la capacidad de los hombres de sentir empatía» (Jensen, 2011). La pornografía desincentiva la capacidad de imaginar lo que otro ser humano puede sentir. « El género pornográfico denominado 'gonzo', en el cual esta industria sobrepasa los límites de la cultura con la degradación sexual más intensa, fomenta en los hombres la visión de la mujer como instrumento del placer sexual masculino, llegando incluso a presentar a las mujeres como seres ansiosos de participar en su propia degradación» (Jensen, 2011).

PREGUNTAS PARA EL DEBATE

¿Qué ocurre cuando nos negamos a llamar «hombre» a un hombre y «mujer» a una mujer? ¿Por qué los nazis nunca denominaron a los judíos «seres humanos»?

¿Por qué parece que la violencia parece «desvanecerse» cuando se combina con el sexo? ¿Por qué aceptamos que la mujer tiene que «quererlo» o le debe «gustar» (las bofetadas, los insultos) si se trata de sexo?

¿Por qué se celebran en la pornografía el racismo y los estereotipos culturales, si ambos se rechazan generalmente en la totalidad de los ámbitos de la cultura popular?

¿Qué repercusiones tiene para nuestra sociedad que la mayoría de los muchachos (y las muchachas) se estén educando sexualmente viendo crueles vídeos pornográficos?

24. LA CONEXIÓN CON EL TRÁFICO

En el comercio sexual, la pornografía, la prostitución y el tráfico sexual son lo mismo. Más de un 80% de las veces, las mujeres que trabajan en la industria sexual suelen estar bajo el control de un proxeneta, lo cual es traficar. La pornografía cumple la definición jurídica del tráfico si el pornógrafo contrata, seduce u obtiene mujeres a fin de fotografiar prácticas sexuales (Farley, 2015).

Según Melissa Farley (2011), las condiciones que desencadenan la entrada en la pornografía son muy parecidas a las condiciones que empujan a las mujeres a ejercer la prostitución. A título orientativo: pobreza, ofertas de trabajo que las hacen vulnerables o son fraudulentas, falta de formación y oportunidades de formación profesional, abuso físico y sexual en la infancia.

Una inmensa mayoría de las mujeres elige dedicarse a la pornografía porque es la mejor opción de una serie muy reducida de alternativas. Muchas veces, estas mujeres están eligiendo entre la pobreza y un trabajo en la industria del sexo. No optan por este trabajo sencillamente porque les encanta el sexo o porque están deseando compartir sus cuerpos y talentos en la alcoba con el resto del mundo. Muchas se ven obligadas a ello, algunas son seducidas por la idea de un dinero rápido y muchas otras tienen que consumir drogas o alcohol para aguantar las peculiares exigencias físicas y mentales de su trabajo.

En la industria de la pornografía, los proxenetas tienen el título más distinguido de «agentes», pero sus trabajos son idénticos. Muchas ex-actrices porno afirman que su «agentes» les encuentran trabajo por sus honorarios, les suministran drogas cuando no soportan los horrores de su trabajo y las obligan a realizar ciertos actos que, de otra manera, encontraría deleznables (Stutler, 2011).

La pornografía legal no es la única forma de pornografía que ha experimentado un aumento del mercado con la era de internet: la pornografía infantil también ha proliferado a una velocidad alarmante. Esta expansión ha derivado en un incremento del tráfico de pornografía infantil en los últimos años. Ahora es mucho más fácil traficar con imágenes en línea sin dejar rastro.

Para muchas mujeres y niños víctimas del tráfico en todo el mundo, la pornografía se emplea como un medio de entrenamiento. A las víctimas se les muestra pornografía para enseñarles lo que tienen que hacerles a los clientes. Este dato es pertinente, ya que muchos consumidores de pornografía esperan recrear los actos que ven en internet.

Hay que entender un hecho: la pornografía no es inofensiva; su elaboración y su consumo dejan víctimas. Evitar la pornografía ayuda a frenar la demanda de pornografía legal y pornografía infantil.

PREGUNTAS PARA EL DEBATE

¿Por qué es legal la pornografía si la prostitución está prohibida en la mayoría de los países?

¿Puede apreciar alguna diferencia sustancial entre la pornografía y la prostitución?

¿Merecen los actores y las actrices pornográficos nuestro desprecio o nuestra compasión?

¿Qué podemos hacer para ayudar a las víctimas del tráfico de personas?

25. TEMAS AFINES PARA TRATAR CON ADOLESCENTES

¿CUÁNDO PRESTARÁ ATENCIÓN LA CULTURA POPULAR A LA CIENCIA?

Los trabajos de investigación abundan: el uso de la pornografía es insalubre, adictivo y perjudicial para las personas, las familias y la sociedad. Sin embargo, la cultura popular todavía retrata el uso de la pornografía como algo normal, inofensivo y divertido. Lo mismo ocurrió con los cigarrillos durante décadas. Los trabajos demostraron que el tabaco podía matar, pero las películas y la televisión aún su alababan su consumo hasta que la sociedad se hizo más exigente con esas industrias. ¡Trabajemos para cambiar esta situación!

20.679 médicos dicen «Luckies son menos irritante»

CÓMO HACERSE OÍR CONTRA LA PORNOGRAFÍA: Muchos adolescentes miran pornografía. ¿Puede su adolescente ser diferente? ¿Puede rebelarse contra lo que hace «todo el mundo»? Someterse es más fácil, pero a veces hace falta una voz para ayudar a los demás. ¿Puede su hijo informar a sus amigos de los peligros de la pornografía o marcharse cuando alguien está viéndola? ¿Qué puede decir si lo ridiculizan por no mirar pornografía? A veces hacer lo correcto o lo más saludable es difícil.

LOS MENSAJES CON CONTENIDO SEXUAL: Cuando alguien envía una foto de alguien desnudo o ligero de ropa y menor de 18 años de edad, está incurriendo en distribución de pornografía infantil. Si alguien envía comentarios sexuales a otra persona, ello puede constituir acoso sexual. Hable con su hijo de las consecuencias emocionales y legales de dichas conductas.

LA MASTURBACIÓN: Una conversación abierta y sincera sobre la masturbación puede ser muy útil para sus hijos, especialmente dado que a menudo acompaña al visionado de pornografía. Comparta sus opiniones con sus hijos, tanto si tiene una perspectiva de la masturbación como algo sano o perjudicial.

EL AUTOCONTROL EN ADOLESCENTES: Los adolescentes deben tener experiencia con internet sin filtros (¡con controles, pero sin bloqueos!) antes de abandonar el hogar. Los niños necesitan la oportunidad de ponerse a prueba y hablar de lo que se encuentren con usted. En algún momento, antes de que su hijo abandone el hogar, deberían eliminarse los bloqueos de los celulares y otros dispositivos. Deje solamente instalado el software de supervisión. Hable de esta posibilidad con su adolescente.

*Tratamos estos temas con más detalle en nuestros libros: *30 Days of Sex Talks, Empowering Your Child with Knowledge of Sexual Intimacy* y *30 Days to a Stronger Child*.

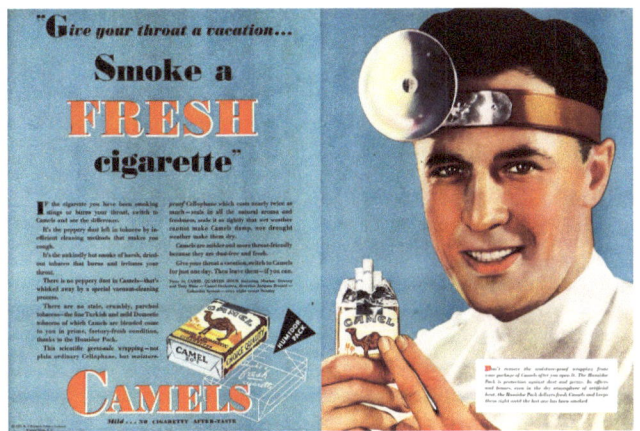

Dale a su garganta unas vacaciones ... Fume un cigarillo fresco

26. TEMAS AFINES PARA TRATAR CON TODOS LOS NIÑOS

EL RESPETO POR UNO MISMO Y POR LOS DEMÁS: Una autoestima sana es un poderoso factor disuasorio con respecto a la pornografía. Si su hijo tiene un buen concepto de sí mismo y ve a los demás como personas valiosas y dignas de respeto, es menos probable que se vea atrapado en la trampa de la pornografía. Será más improbable que deseen ver a personas cosificadas y degradadas (Andrews, 2014).

CONECTAR CON LA VIDA REAL FRENTE A LAS CONEXIONES ELECTRÓNICAS: Pese a todas las formas de conectarse que existen en las redes sociales, los mensajes de texto y el correo electrónico, podemos en realidad acabar aislados, con la eliminación de los contactos cara a cara. Si nuestros tratos principales son a través de pantallas, podemos crear la sensación de que otras personas son bidimensionales y lejanas emocionalmente. Esta desconexión puede insensibilizarnos tanto a nosotros como a nuestros hijos con respecto a los demás. ¡Necesitamos enseñar el valor de las relaciones en la vida real!

LA IMAGEN CORPORAL: Cuando nuestros hijos ven la hipersexualización en los medios y en la pornografía, se encontraran con un sinfín de imágenes de «belleza» inalcanzable e informatizada que les hará sentir inferiores. Por lo tanto, es imperativo hablar de la imagen corporal sana y de que nos guste nuestro cuerpo como es.

LAS RELACIONES Y LOS LÍMITES SANOS: Los medios suelen representar relaciones deficientes e ineficaces. Procure que su hijo entienda cómo es una buena relación, que sacrificios exige y cómo desarrollarla.

LA INTEGRIDAD CORPORAL:

El cuerpo es el almacén de nuestra humanidad y debe respetarse en consecuencia. Enséñele a su hijo mediante la palabra y el ejemplo que su cuerpo es algo especial y que merece la pena protegerlo.

LOS DEPREDADORES EMPLEAN LA PORNOGRAFÍA PARA CAPTAR:

Es un hecho. Los depredadores usan la pornografía como un medio para la captación de menores para insensibilizar a sus víctimas y mostrarles lo que tienen que hacer. Su hijo debe entender que nadie (especialmente un adulto o un niño mayor que ellos) debe enseñarles pornografía.

*En nuestros libros *30 Days of Sex Talks: Empowering Your Child with Knowledge of Sexual Intimacy* y *30 Days to a Stronger Child*, tratamos estos temas más detalladamente.

SI HA DISFRUTADO EL LIBRO, DEJE UNA RESEÑA POSITIVA EN AMAZON.COM

Síganos en nuestros canales de las redes sociales para obtener excelentes recursos e información:

Facebook: www.facebook.com/educateempowerkids/
Twitter: @EduEmpowerKids
Pinterest: pinterest.com/educateempower/
Instagram: Eduempowerkids

Suscríbase en nuestro sitio Web para recibir ofertas exclusivas e información en:
www.educateempowerkids.org

RECURSOS

Si usted es padre o madre, docente o un adulto preocupado que desea ayudar a los niños y los adolescentes, estos sitios Web y organizaciones son excelentes recursos para usted.

Educate and Empower Kids
Educate and Empower Kids facilita recursos a padres para fomentar conexiones y relaciones sanas. Combatimos la pornografía promoviendo una educación sexual sana, las conexiones familiares y la alfabetización audiovisual. www.educateempowerkids.org

Síganos en nuestros canales de las redes sociales:
Facebook: www.facebook.com/educateempowerkids/
Twitter: @EduEmpowerKids
Pinterest: pinterest.com/educateempower/
Instagram: Eduempowerkids

Porn Proof Kids
Porn Proof Kids aporta soluciones prácticas para criar hijos resistentes en la era digital. Sirven como mentores para los padres con herramientas para prevenir la adicción a la pornografía, medios eficaces de respuesta a la exposición y al uso. También ofrecen formación para cambiar el mundo haciendo correr la voz.
www.protectyoungminds.org

SI TIENE UN ADOLESCENTE, ESTA ES UNA ORGANIZACIÓN PERFECTA PARA ELLOS:

Fight the New Drug
Si sus hijos están luchando con el consumo de pornografía, aplique el 'Fortify Program', un excelente paso en pos de la recuperación. Es gratuito para cualquier persona entre 13 y 18 años de edad y se presenta en un lenguaje y un estilo fáciles de entender.
www.fightthenewdrug.org

SI ESTÁ INTERESADO EN PARTICIPAR EN LA LUCHA CONTRA LA PORNOGRAFÍA COMO DEFENSOR O EDUCADOR, ESTAS ORGANIZACIONES Y SITIOS WEB SON UN BUEN RECURSO:

National Center on Sexual Exploitation
El National Center on Sexual Exploitation modifica las normas empresariales y gubernamentales que facilitan la explotación sexual, fortaleciendo a la sociedad y uniendo a líderes en el movimiento.
www.endsexualexploitation.org

Women for Decency
Es una organización de base que conecta a las mujeres y las ayuda a tener una influencia decisiva en sus círculos. Educan y facultan a las mujeres para que contrarresten la destructiva influencia de la pornografía.
www.womenfordecency.org

SI SU CÓNYUGE O USTED SUFREN DE ADICCIÓN A LA PORNOGRAFÍA, ESTAS ORGANIZACIONES Y SUS CORRESPONDIENTES SITIOS WEB SON DE UTILIDAD:

Bloom
Bloom ayuda a las mujeres que han pasado por la experiencia de la traición a sanar, fortalecerse, crecer y superar la perdida de la confianza y el trauma, con apoyo profesional, recursos educativos y una comunidad comprensiva.
www.bloomforwomen.com

Addo Recovery
Los síntomas del trauma de la traición son numerosos. Addo Recovery habilita a las mujeres de cualquier parte a saber que no es culpa suya, que no están solos y que pueden encontrar la paz nuevamente.
www.addorecovery.com

The Togetherness Project
A medida que aparecen cada vez más relatos de sufrimiento, traición, e incluso familias divididas debido a la presencia de una adicción a la pornografía y o la infidelidad en las relaciones, mujeres valientes y resistentes se están uniendo para encontrar ánimo, formación y una comunidad en The Togetherness Project.
www.togethernessproject.org

LifeStar
Durante más de 20 años, LifeStar ha estado ayudando a particulares, a cónyuges y a que las familias sanen de los efectos desoladores de la adicción a la pornografía y otros comportamientos compulsivos sexualmente.
www.lifestarnetwork.com

REFERENCIAS

"Addiction." Random House Kernerman Webster's College Dictionary, © 2010 K Dictionaries Ltd. Copyright 2005, 1997, 1991 de Random House, Inc. Se reservan todos los derechos.

Anderson, C. (2011). The Impact of Pornography on Children, Youth, and Culture. Near Press.

Anderson, C. (2015). "Why Pornography is a Public Health Issue". En Pornography: A Public Health Crisis. Simposio del National Center on Sexual Exploitation en Washington D.C.

Andrews, C. (1 de mayo de 2014). "8 Ways You Can Fight Porn Beyond Talking About It". Educate Empower Kids. Último acceso: 1 de diciembre de 2015, en http://educateempowerkids.org/take_action_post/3rd-newest-take-action-educate-article-title-link-goes-3/.

Benson, M. (2 de febrero de 2015). "What to Look for When Choosing An Addiction Therapist for Your Child". Educate Empower Kids. Último acceso: 9 de diciembre de 2015, en http://educateempowerkids.org/resources/look-choosing-therapist-child/.

Braun-Courville, D. K., y M. Rojas. (2009). "Exposure to Sexually Explicit Web Sites and Adolescent Sexual Attitudes and Behaviors". Journal of Adolescent Health, 45(2), 156-62. (p. 157).

Bridges, A., R. Wosnitzer, E. Scharrer, C. Sun, y R. Liberman. (2010). "Aggression and Sexual Behavior in Best-Selling Pornography Videos: A Content Analysis Update". Violence Against Women, 1065-85.

Brown, A., Shifrin, D., y Hill, D. (28 de septiembre de 2015). Beyond 'turn it off': How to advise families on media use. Último acceso: 23 de diciembre de 2015, en http://www.aappublications.org/content/36/10/54.full.

Ciotti, G. (s.f.). "Supernormal Stimuli: Your Brain On Porn, Junk Food, and the Internet". Último acceso: 20 de octubre de 2015, en http://lifehacker.com/supernormal-stimuli-is-your-brain-built-for-porn-junk-1575846913?.

Dines, G. (2010). Pornland: How Porn has Hijacked Our Sexuality. Boston: Beacon Press.

Dines, G. (16 de noviembre de 2012). Presentación en Nova Scotia Women's Summit. Obtenido en https://www.youtube.com/watch?v=-Z5iANEfQUU.

Dines, G. (2015). "Today's Pornography and the Crisis of Violence Against Women and Children". En Pornography: A Public Health Crisis. Simposio del National Center on Sexual Exploitation en Washington D.C.

Doidge, N. (s.f.). Noticias. Último acceso: 1 de noviembre de 2015, en http://hungarianreview.com/article/20140706_sex_on_the_brain_what_brain_plasticity_teaches_about_internet_porn.

Drawing the Connection Between Media Literacy and Health. (2014). Último acceso: 8 de diciembre de 2015, en http://medialiteracynow.org/wp-content/uploads/2014/01/Drawing-the-connection-between-Media-Literacy-and-Public-Health.pdf.

Farley, M. (2011). "Pornography is Infinite Prostitution". En Big Porn Inc. North Melbourne: Spinifex Press Pty.

Farley, M. (2015). "Pornography, Prostitution, and Trafficking: Making the Connections". En Pornography: A Public Health Crisis. Simposio del National Center on Sexual Exploitation en Washington D.C.

Family Media Standard. Fight the New Drug (2015). Último acceso: 9 de diciembre de 2015, en http://fightthenewdrug.org/family-media-standard/.

Gavrieli, R. (s.f.). "Why I Stopped Watching Porn: Ran Gavrieli at TEDxJaffa 2013". Vídeo en TEDxTalks. Último acceso: 13 de noviembre de 2015, en http://tedxtalks.ted.com/video/Why-I-Stopped-Watching-Porn-Ran;search:why i stopped.

Hilton, D. (2015). "Pornography and the Brain: Public Health Considerations". En Pornography: A Public Health Crisis. Simposio del National Center on Sexual Exploitation en Washington D.C.

Hoyt, L. (15 de febrero de 2015). "Signs and Symptoms of Porn Addiction in Kids". Educate Empower Kids. Último acceso: 8 de diciembre de 2015, en http://educateempowerkids.org/resources/signs-of-porn-addiction-in-kids/.

"Internet Accountability Software for Windows, Mac, and Mobile". (2015). Último acceso: 9 deiciembre de 2015, en http://www.covenanteyes.com/services/internet-accountability/.

Jensen, R. (11 de agosto de 2011). "Pornography Is What the End of the World Looks Like". Último acceso: 28 de octubre de 2015, en http://goodmenproject.com/featured-content/pornography-is-what-the-end-of-the-world-looks-like/.

Kemmet, D. (s.f.). Who is More Important to Teens-Parents or Peers? Último acceso: 23 de diciembre de 2015, en https://www.ag.ndsu.edu/mercercountyextension/news/around-the-home/who-is-more-important-to-teens-parents-or-peers.

Layden, M. (2004). "Committee on Commerce, Science, and Transportation, Subcommittee on Science and Space, U.S. Senate, Hearing on the Brain Science Behind Pornography Addiction". Último acceso: 25 de noviembre de 2015, en http://www.ccv.org/wp-content/uploads/2010/04/Judith_Reisman_Senate_Testimony-2004.11.18.pdf.

Layden, M. (2010). "Pornography and Violence: A New Look at Research". Último acceso: 11 de noviembre de 2015, en http://www.socialcostsofpornography.com/Layden_Pornography_and_Violence.pdf.

Morris, C. (s.f.). "Things Are Looking Up in America's Porn Industry". NBC News. Último acceso: 24 de noviembre de 2015, en http://www.nbcnews.com/business/business-news/things-are-looking-americas-porn-industry-n289431.

"The Nanny Notes." (s.f.). Último acceso: 16 de noviembre de 2015, en https://www.netnanny.com/blog/the-detrimental-effects-of-pornography-on-small-children/.

(s.f.). Último acceso: 10 de noviembre de 2015, en http://www.nsvrc.org/sites/default/files/publications_nsvrc_factsheet_impact-of-exposure-to-sexually-explicit-and-eploitative-materials.pdf.

"Pitt Researchers Find Adolescent Brains Over-Process Rewards, Suggesting Root of Risky Behavior, Psychological Disorders". (2011). Último acceso: 4 de diciembre de 2015, en http://www.news.pitt.edu/news/Moghaddam-teen-brains-reward.

"Porn Changes the Brain". (s.f.). Último acceso: 24 de noviembre de 2015, en http://www.fightthenewdrug.org/porn-changes-the-brain/.

Rosenzweig, J. (octubre de 2013). "What's the Impact of Porn on Kids?" Philly.com. En http://www.philly.com/philly/blogs/healthy_kids/Whats-the-impact-of-porn-on-kids.html.

Stiffelman, S. (agosto de 2011). "My Son Saw Sexually Explicit Material Online—What Should I Do?" huffingtonpost.com. En http://www.huffingtonpost.com/2011/08/08/safety-on-internet-sexually-explicit-material_n_918353.html.

Stutler, A. (2011). "The Connections Between Pornography and Sex Trafficking". Último acceso: 5 de diciembre de 2015, en http://richmondjusticeinitiative.com/the-connections-between-pornography-and-sex-trafficking/.

Owens, E., R. Behun, J. Manning, y R. Reid. (2012). "The Impact of Internet Pornography on Adolescents: A Review of the Research". Sexual Addiction and Compulsivity, vol. 19, núm. 1-2: 99-122.

"Ten Reasons Why You Need To Talk To Your Child About Porn". Educate Empower Kids. (13 de marzo de 2015). Último acceso: 7 de noviembre de 2015, en http://educateempowerkids.org/ten-reasons-why-you-to-talk-to-your-child-about-pornography/.

"U.S. Sexting Laws and Regulations". (2011). Último acceso: 8 de diciembre de 2015, en http://mobilemediaguard.com/state_main.html.

Weiss, LCSW, CSAT-S, R. (9 de junio de 2015). The Prevalence of Porn. Último acceso: 23 de diciembre de 2015, en http://blogs.psychcentral.com/sex/2013/05/the-prevalence-of-porn/.

Wilson, G. (s.f.). "Your Brain on Porn: How Internet Porn Affects the Brain". (mayo de 2015). Último acceso: 24 de octubre de 2015, en http://yourbrainonporn.com/your-brain-on-porn-series.

www.ingramcontent.com/pod-product-compliance
Lightning Source LLC
LaVergne TN
LVHW010034070426
835510LV00006B/128